大人のキレイの
新ルール

捨てる美容

小田切ヒロ
Hiro Odagiri

世界文化社

はじめに

「年齢を重ねるほどに美しく素敵になる人は、捨てている」

それは、僕が美容師や美容部員を経《へ》てヘアメイクとして経験を積み、女優やモデルはもちろん一般の方まで、幅広い年齢層の女性に触れるなかで行き着いた、たったひとつの美の真実。そして、かつて「与えるばかりの美容」にどっぷり漬かって、失敗した僕自身の経験からも、自信を持って伝えられる最終回答。だから、この本は「大人の女性が溜め込んできたものを捨て、自分らしい本質的な美しさを見つける方法」についてまとめました。

物も情報も溢れる昨今《さっこん》。時代に振り回され、「いったい何を使えばキレイになれるの？」ともがいているレディ達に伝えたいのは、「何を与えるかより、何を捨てるか」ということ。スキンケア、メイク、そして物や知識も、溜めて入れるのは20代まで。30歳オーバーからは、その溜め込んできたものをどう捨て、どう本質を見抜いていくかにかかっている。

あなたの部屋を思い浮かべてみてほしい。不必要なものが、ひとつでもあるだろうか？　もし、心当たりがあるなら、それはこの本を読んでキレイになる余地があるということ。使うものを増やし、塗り込んで入れ込むばかりの美容は今日でおしまい。捨てる美容にはたくさんの時間や手間、お金は必要ない。「捨てよう」と覚悟したその瞬間から、少しずつ軽やかに洗練され、あなた本来の美しさが輝き始めるのです。

事実、30歳オーバーで輝き続ける現役のモデル達は、決して外見の美しさだけで勝負してはいない。なぜなら、20代と違い、大人の女性は顔の造形やスタイルがよいだけでは魅力的に見えないから。問われているのは、経験を積んだ大人にしか出せない、聡明感と透明感、そして品格。この大人にしか出せない魅力を磨き上げるためには、何よりも「捨てる」というプロセスが不可欠。捨てる勇気、抜く余裕がある人は、年齢を重ねるほどに魅力を増す一方。だからこそ、見る者を魅了して希望を与え、周囲の人を幸せにすることができる。そして、これは美を生業《なりわい》にするモデル達に限らず、今この本を読んでいるあなたにも当てはまる法則なのです。

捨てる美容が変えるのは、肌や顔つきだけにとどまりません。きちんと捨てきった人に宿るのは、メイクでは到底《とうてい》叶えることのできないピュアな瞳の輝き。そして日に日に心は軽やかに、思考はクリアに。やがて捨て去ることで生まれたスペースに幸せが舞い込み、人生が好転し始め……心の底から「捨てることの大切さ」を体感できるはず。

厚塗りメイクに与えるだけのスキンケア、溜まった角質やコリやむくみ、溢れる物や情報、心のくもりまで。この一冊で、いらないものをすべて削《そ》ぎ落としましょう。シンプル イズ ベスト！ 脱ぎ捨てる勇気を胸に、すっきり洗練された大人の女性になるためのファーストステップを踏み出して。

小田切ヒロ

CONTENTS

Chapter. 1 スキンケア Skincare …20

Chapter. 2

メイクアップ

Makeup

Chapter. 3 ライフスタイル Lifestyle…130

「捨てる美容」5つのルール

Hiro's Rules

自分の中のキレイが目覚める！

一生懸命にキレイを求めているうちに、
様々なものを溜め込んでしまっていませんか？
やりすぎのスキンケア、ルーティンのように塗り重ねるメイク。
たくさんの情報や、隣の誰かの〝可愛さ〟と比べてしまったり……。
あなたが本当に捨てたいと思っているものは何？
そして大切にしていることは？
まず最初に伝えたいことをまとめました。
すべての始まりとなる、5つのルール。

Hiro's Rules 1

まずは、捨てる勇気を持つ！

「捨てる美容」5つのルール

「捨てる美容」と手抜き。
同じように聞こえても、そのマインドは全くの別物。
面倒だからできなかった or うっかりやり忘れたというのと、
「キレイのために、やらない」と、意識的にした「選択」では、雲泥《うんでい》の差！
例えば、自信を持って「クリームを塗らない」という選択をしたときと、
本当は塗らなきゃいけないはずの「クリームを塗りそびれた」といううっかり。
翌朝の肌が少し乾燥していたとき、
前者は「よし、今はキレイになっている途中なんだ」と自信を持てるけれど、
後者は「クリームを塗らなかったから乾燥しちゃったんだ、どうしよう」と
罪悪感を持ったり、焦ったりしてしまうはず。
だからこそ、まずは何よりも「捨てる勇気」を持ってほしい。
「捨てる」という選択は、他人任《まか》せにはできない、能動的なアクション。
与える美容に疲れ、大人のキレイを見失った迷子ちゃんにこそ伝えたい。
大丈夫、捨てることでキレイになれるから。捨てる勇気を持ちなさい、と。

Hiro's Rules

2

9割、捨てる。残った1割こそ「大切なもの」

「捨てる美容」5つのルール

大人の女性の溜め込み具合からすると、9割捨てるくらいがちょうどいい。
なかでも、意識してほしいのがスキンケア。
年齢を重ねるほど、クリームや高級スキンケアに頼りたくなるものだが、
捨てる美容では、「落とすケアが9割で与えるケアが1割」がルール。
なぜならば、皮膚は排出器官であり、
老廃物をきちんと捨て去ることで、本来の力が引き出されるから。
僕自身、「与えるケアが9割で落とすケアが1割」という
真逆のスキンケアで、手痛い失敗を経験している。
だからこそ、声を大にして「9割捨てて、1割入れる」を提唱したい。
もちろん、メイクについても、そう。
思い切ってアイテムをしぼることが、洗練されるための必須条件。
特に、大人の女性は、「ベーシックが9割、トレンドが1割」と意識すると、
時代に振り回されないタイムレスな美しさが磨かれる。
9割の余分なものを捨てきったとき、
残った1割こそが、あなたにとって大切なもの。

Hiro's Rules

3

自分の心に聞いてみて、グッとこないものは捨てる

「捨てる美容」5つのルール

物や情報が溢れる世の中。
単に「いいもの」かどうかを基準にしても、選択肢が多過ぎて捨てられない。
そこで、僕がオススメしたいのは「グッとくるもの」、
「気分のアガるもの」だけを手元に残すこと。
「高かったから」、「価値のあるものだから」としまい込んでいるなら、
「この1年間で一度でも手に取ったか」を考えてみてほしい。
1年は365日もあるのに、一度も触れたことがないのなら、
それは、本当は必要のないもの。
身の回りにあるものは、手に取ったときに喜びや感動を味わうことができ、
心の底からコンセプトに対して共感できるものだけでいい。
自分の心に問いかけ「グッとくるかどうか」で選ぶと、
あなたの世界はもっとシンプルになるはず。

Hiro's Rules 4

すべては光と影。「影への恐れ」を捨てる

「捨てる美容」5つのルール

メイクのムダを削《そ》ぎ落とすには、光と影を味方につけるのが近道。
絵画や写真などのアートも、そしてあなたの顔も、
すべての造形物は光と影で織りなされている。
顔を「平面」で捉《とら》えて塗り絵のように色を塗るのは、20代まで。
30歳オーバーからは、顔を「立体」として捉え、
光と影を少しだけ強調するメイクにシフトしよう。
そうすれば、自《おの》ずとあなたらしいパーソナルな美しさが前面に出てくる。
光と影を操るメイクは、余計な色や、
年齢によるたるみやむくみによるもたつきを削ぎ、
大人の奥行きと洗練を引き立たせる。
光があれば影あり。アイホールの影や、輪郭に落ちる影。
影があるからこそ光が引き立つ。
だから、影は恐れるべからず。
これはメイクのみならず、人生にも言えること。

Hiro's Rules 5

すべてを捨て去っても、品・清潔感・女性らしさは必ず残す

「捨てる美容」5つのルール

媚び、若さへの執着、ムダな力《りき》みや心の鎧《よろい》……。
いらないものを削ぎ落とし、〝お古な自分〟から脱皮する。
「捨てる美容」を実践するなかで、決して捨ててほしくないのが、
品、清潔感、そして女性らしさ。
たとえシミやシワがあっても、
ハッとするほど美しい大人の女性はごまんといる。
そういう人はどこが違うのかを徹底的に観察し、
行き着いたのが、この3つ。
品・清潔感・女性らしさは、それぞれが密接にリンクしていて、
どれかひとつが欠けても、素敵な大人の女性像からは遠ざかってしまう。
それは年を重ねるほど、意識なくしては保てないものだからこそ、
品・清潔感・女性らしさを備えた大人は無敵なのだ。

Chapter. 1

スキンケア

Skincare

不要なものを捨て去れば
肌本来の力が目覚める

スキンケアの正解は、
捨てる9割：与える1割。
肌に溜め込んだいらないものを捨て、
ピュアな潤いを与えれば
大人の肌はもっとキレイになる。

Hiro's Method

肌は排出器官。だから、捨てるケアが9割

一生懸命スキンケアをしているのに、なぜか肌がキレイにならない。そんな不満を感じている人は多いもの。かつては、僕もそうでした。

僕がヘアメイクアップアーティストのアシスタントとしてキャリアをスタートしたのは、27歳の頃。それまでは雲の上の存在だった憧れブランドのスキンケアを試す機会に恵まれ、あれこれ試すのが楽しくて仕方がなかったのを覚えています。同じく美容マニアの女友達と、集まっては「この化粧水がよかった、あの美容液がよかった」とビューティ談義。この友人もひと一倍美容意識が高く、バッグの中にアイクリームをしの

ばせては、ことあるごとに顔全体に塗るタイプでした。キレイになるために、日々努力を惜しまず、お金も時間も手間もかけていた僕達。それなのに、なぜかお互いニキビやくすみ、肌荒れなどのトラブルが絶えないことが不思議で仕方ありませんでした。高級スキンケアやときには美容医療にも頼り、手をかけるほどに美肌は遠ざかるのはなぜなのか。

今ならわかるのです。どんなに高価な化粧品を使ったとしても、「与える一方のケア」では美肌にはなれないのだと。大人の肌に真に必要なのは、汚れや不要な角質をきちんと取り去る「捨てるケア」なのだと！

数々の失敗を経た僕が、ようやく「捨てるケア」に開眼したのは、銀座にある、とあるクレンジングサロンへの取材がきっかけでした。それまで「スキンケア＝与えるケア」という先入観があったため、丁寧なクレンジングと洗顔に重きを置いた施術で、肌が見違えるほど引き締まった体験はかなり衝撃的。今までの塗り重ねて入れ込む「与えるケア」はなんだったのだろうと、目が覚めるような思い。この日を境に、「捨てるケア」に励み、今ではどんなに忙しくても肌荒れとは無縁の〝いつでも最高潮肌〟をキープできるようになったのです。

なぜ、与えるケアよりも、捨てるケアが大事なのでしょうか。それは、医学的に肌は「排出機能」を持っていて、皮膚の大切な役割は「捨てること」にあるからです。皮膚からは、日々、汗・皮脂・垢となった古い角質が排出されます。この排出さえスムーズならば、肌は本来のフレッシュな状態をキープできます。ところが、皮膚に付着した汚染物質やメイク汚れを落としきれていなかったり、加齢によって肌の排出する力が衰えて古い角質が溜まると、肌は乾燥して硬くこわばり、やがてはシワやシミ、たるみなどのエイジングのサインが目立つようになってしまいます。だからこそ、毎日のクレンジング・洗顔・角質ケアなどの「捨てるケア」で、肌本来の排出機能をおぎなうことがスキンケアの最優先事項。想像してみてください。本来ゴミとして排出されるはずの汚れや垢が溜まって、分厚く硬く重くなってしまった肌を。そんな捨てきれていない肌に、必死になって与えるケアをしたところで、効果が感じられないのはもちろん、ときには逆効果なことがわかるはず。

Hiro's Method

「捨てるケア」でメイクの仕上がりが変わる

今では自信を持って、「スキンケアは捨てるケアが9割！」と断言できる、捨てる美容マニアの僕。しかし、仕事で出会う女性達に訊ねられるのは、いつも「オススメの美容液を教えて」「どこのクリームがいいの？」と、与えるケアについてのことばかり。そのたびに、**「与えるケアの前に、ちゃんと捨ててる？」**と問いただしたくなってしまうのです。

実は、その人がきちんと「捨てるケア」をできているかどうかは、肌に触れ、メイクをすればすぐにわかること。そして、きちんと捨てられているかどうかは、メイクの仕上がりさえも左右するのです。

「与えるケア」至上主義者の肌は、ムダな角質や汚れを捨てきれていないため、見た目はくすんでいて、触れてみるとザラつきやゴワゴワとした硬さが気になります。そして、よく言えばもっちり、悪く言えばぶよぶよとメタボ気味にむくんだ肌をしているのです。さらに、メイクが崩れるのも早く、長時間の撮影では何度もメイク直しをしなければならないことも。

一方、きちんと「捨てるケア」ができている肌は透明感があり、つるんっとした触れ心地。肌が引き締まっていて毛穴も目立ちません。化粧のりがよく崩れにくいから、メイクもスマートに決まるのです。

排出器官としての肌本来の役割に沿って、老廃物や汚れをきちんと落とすことに重きを置く「捨てる美容」。捨てるケアが上手くいけば、様々な肌悩みから解放されるだけでなく、メイクの仕上がりまでも美しくキープできるのです。

Hiro's Method

何をどう捨てる？ 捨てるスキンケアのトリセツ

与えすぎのケアが原因で肌に悩みを抱えている人や、あれもこれもと忙しい美容に疲れてしまった大人の女性に読んでほしくて作ったこの本。特にスキンケアに関しては、今までの一般的な常識を覆す内容なので、何を捨て、何を残すべきか不安に感じることがあるかもしれません。けれども、僕が提案したいのは、0か100という極端なスキンケアではありません。大切なのはバランス。「捨てる美容」でお伝えしたいのは、余分なものを捨て、ピュアなものを与えるというシンプルなステップなのです。

いちばん大事にしてほしいのは、汚れや不要な角質を取り去り、肌がもともと持っている力を引き出す、３つの「捨てるケア」です。

【9割の捨てるケア】
①肌の生まれ変わりを促す角質ケア
②毛穴汚れを一掃するブラシ洗顔
③メイク汚れとコリを一度に取り去るオイルマッサージ

そして、いらないものを捨て去った肌への「与えるケア」は、肌に負担をかけないシンプルな保湿ケアが基本。

【1割の与えるケア】
④ピュアな水と上質なオイルによる保湿

この章では、僕が行き着いたこの「捨てる9割：与える1割」のスキンケアがいかに肌にとってよいものなのか、順を追って説明します。

Hiro's Method

大人の美肌は角質を捨ててこそ

「捨てる美容」のスキンケアにおけるファーストステップ、それは、**古い角質を捨て去ること。**生きている限り、人間の肌には365日毎日古い角質が溜まります。この角質とは、皮膚のいちばん表面にある、0・02㎜ほどの薄い膜〝角質層〟のこと。この角質層がバリア[※1]となって、外部のウイルスや細菌、有害物質が体内に侵入するのを防いでいます。若く健康な肌は、角質層の生まれ変わりがスムーズなので、古い角質は垢となって自然にはがれ落ち、常にフレッシュな角質で覆われています。

しかし、年齢を重ねると角質層の生まれ変わる力は衰えてしまううえ

※1
この角質層が肌をガードする役割を「バリア機能」と言います。

に、現代を生きる肌は、大気中の汚染物質や電磁波、紫外線などのダメージにさらされ、それらをブロックするために角質が分厚くなりがち。普段の洗顔やクレンジングだけでは、どうしても古い角質を捨てきれなくなってきます。居座る古い角質は肌を乾燥させ、毛穴の目立ちや小ジワの原因に。また、最近の研究では、肌表面の角質層の状態が悪いと、肌の奥にある基底層※2に負担をかけることもわかっています。肌表面の角質問題は、肌全体に悪影響を与えてしまうのです。

そこで取り入れてほしいのが、ピーリング美容液※3。肌にゴシゴシと摩擦での刺激を与えることなく、マイルドな成分で古い角質をはがれやすくする美容液です。肌が弱い人でも、肌質に合った角質ケアを取り入れたほうが、バリア機能が整い、健康な肌が生まれる土台を整えることができます。一日一皮生まれる古い角質をきちんと捨てきることは、美肌を保つうえで、欠かせない習慣。僕が考える「美しい肌」とは、古い垢がこびりついた上から化粧水でその場しのぎに濡らした肌ではなく、自ら潤いをたたえた生まれたての角質が表面に現れている肌のことなのです。

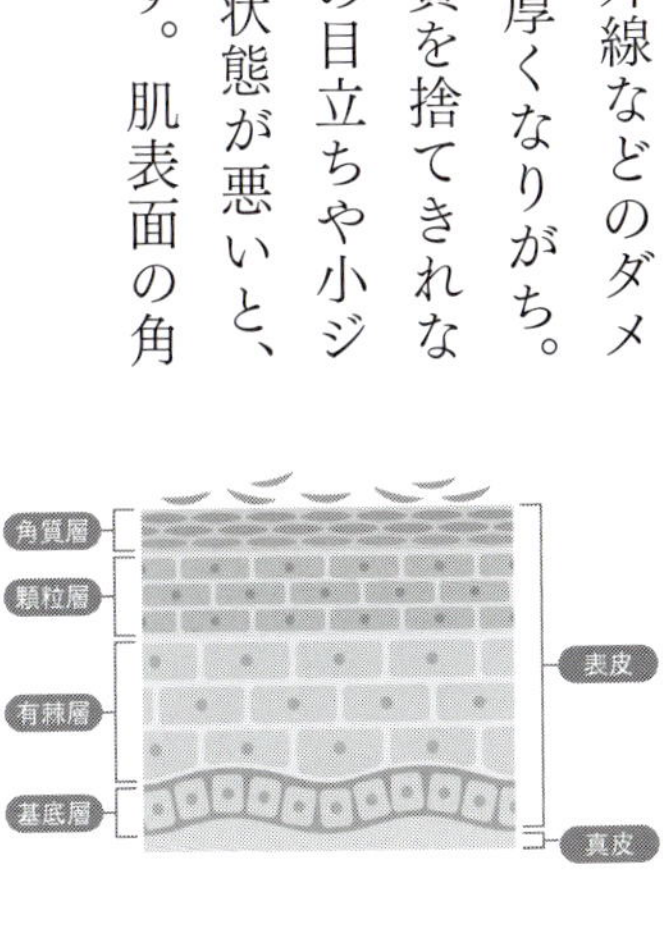

※2
表皮の最下層にある。基底層の細胞が分裂を繰り返し、やがて肌表面の角質層となり表皮が生まれ変わる。

※3
オススメのピーリング美容液はP.63で紹介。

Hiro's Method

洗顔の常識を捨てる。洗顔料を顔の上で泡立てる理由

大人の美肌の鍵を握る、捨てるケア。なかでも、毎日のベーシックケアの柱となるのが、日々の汚れを洗い落とす洗顔です。これまでは、「手のひらでたっぷり泡立てて洗いましょう」というのが洗顔の常識でした。日々、泡立てネットを使って一生懸命にもこもこの泡を立てている人もたくさんいることでしょう。しかし、そんな泡洗顔の常識も捨て去ります。

僕がオススメしたいのは、濡らした顔の上に直接洗顔料をのせ、泡立てる方法。なぜならば、**洗顔料が最も洗浄力を発揮するのは、泡立つ経**

過にあるからです。洗顔の目的は、顔についた汗・古い角質・ほこりなどの、水性汚れをきちんと「捨てる」こと。そのためには、洗顔料の落とす力が最も高い状態で洗う必要があるのです。なので、洗顔するときには、濡らした顔に洗顔料を直接塗り、**肌の上で泡立てるのが正解**。さらに、洗顔ブラシ[※1]を使えば、泡立ちもよく、多くの女性の悩みである毛穴に詰まったしつこい汚れも一掃することができます。このとき注意してほしいのは、肌に圧をかけないソフトなタッチでゴシゴシこすらずに洗うこと。洗顔フォームよりも、界面活性剤[※2]の少ないマイルドなタイプの洗顔石けんを使うとよりベター。

以前出演したテレビ番組で美白ケアをテーマにした放送がありました。普通だったら美白専用のスキンケアをすすめるところ、僕が紹介したのはこの洗顔方法。顔の上で泡立ててブラシで洗うと、モデルの肌がみるみる明るくなり、スタジオは騒然。専門家がマイクロスコープで確認し、毛穴の汚れや不要な角質がキレイに落ちきっていることが実証されました。透明感が欲しいなら、美白よりも、捨てきる洗顔。これが真実です。

※1
洗顔ブラシがない場合は、チークブラシなどで代用してもかまいません。詳しい洗顔方法は P.50

※2
汚れを落とすためには必要な成分ですが、量は少ないほうがベター。

Hiro's Method

「スキンケアを浸透させる」という発想を捨てる

今の時代、化粧品を作る側も使う側も、いかにスキンケアを肌に浸透させるかを重視しています。「スーッと浸透」とか、「肌の奥まで素早くしみ込む」と聞くと、なんだかいいものに思えてくるから不思議です。しかし、思い出してください。肌は本来、排出器官なのです。老廃物を排出するための「出す」機能を備えた肌に、スキンケアを「入れる」という真逆の行為は、果たして本当にいいものなのでしょうか。肌のことを知れば知るほど、スキンケアを「入れる」という行為を、不自然なものに感じるようになりました。結論から言うと、僕は「スキンケアを肌に浸透させる」という発想を捨てました。

ひとつ心にとどめてほしいのは、肌には外的ダメージから身を守る「バリア機能」があるということ。全身を鎧のように覆う肌の「バリア機能」がなければ、空気中のチリやほこりも雑菌も、体内に入ってきてしまいます。もっと言えば、お風呂やプールに入ったときに、体内に水が浸透してぶくぶくとふやけずにいられるのは、このバリア機能が防壁となっているからなのです。さて、スキンケアを入れ込むためには、この人体にとってとても大事なバリア機能をゆるめてこじ開けなければなりません。本来、バリア機能によって弾かれるはずの化粧水や乳液を「浸透させる」ということは、肌を守るバリア機能を一時的に損なうということ。これが「スキンケアを浸透させる」の一面でもあります。

排出器官である肌のバリア機能をこじ開け、入れ込む。「スキンケアは浸透させるほどよい」という思い込みは、肌にとっては本来の生理機能に反した行為なのです。

Hiro's Method

究極、ピュアな水とオイルがあればいい

「捨てる美容」と聞くと、与えるケアはどうするの？と気になる人も多いことでしょう。

僕にとって与えるケアの指針となった出来事があります。その化粧品店（というよりも、ほぼ卸問屋のような形態なのですが）を初めて訪れたのは、美肌で知られる女優さんを担当したときのこと。メイクの前に使うスキンケアを全部そこで揃えるようにリクエストされたのがきっかけでした。この世のものとは思えないほど美しい肌の持ち主達は、肌に何をどう与えているのだろう？　女優御用達の化粧品店で僕が出会った

のは、驚くほどシンプルなスキンケアでした。

答えは、**ピュアな天然水と上質なオイル**。誰もが憧れる美肌女優達の舞台裏を支えていたのは、究極のシンプルケアでした。肌には、もともと自分で潤いを保ち、キレイになる自己治癒力《じこちゆりょく》が備わっています。スキンケアにできるのはその力を少しだけ手助けすること。そのためには、**肌の表面に適度な油分と水分を与えるミニマムなケアで十分**。そのほうが肌にとっても自然だし、結果的にキレイになれる。まっさらな肌に与えるべきものは、ピュアな水とオイルだけでいいというのが僕の結論です。

では、なぜピュアな水とオイルがいいのか。それは、肌のバリア機能を守ることがスキンケアの本質だから。たいていの化粧品には、水と油という対極のものを溶け合わせ、浸透力をアップさせるために界面活性剤が配合されています。この界面活性剤は、ときに肌のバリア機能に負担を与えるもの。長時間肌にのっている「与えるケア」こそ、余計な添加物を含まないピュアなものを選ぶべき。それが正解であると、女優達の肌は、物語っているのです。

Hiro's Method

クリームは肌のコーティング剤である

肌が乾燥するから、クリームを塗ろう。条件反射のようにそう思ってはいませんか？　僕は、クリーム※1は、**スキンケアとメイクの間にあるもの**だと考えています。多くのクリームには、肌表面をコーティングするシリコン系の成分が入っています。肌のバリア機能が弱っているときは、このコーティング膜がバリア代わりになり、潤いを封じ込めて肌を守る役割を担ってくれます。その一方で、落とすケアをきちんとしていないと、クリームのコーティング膜が肌に残り、毛穴が詰まったり、ウエイトのように肌の重荷となってしまう面もあるのです。

※1
仕事の現場ではファンデーションや下地ののりをよくするベースアイテムとして使っています。

ファッションにTPOがあるように、スキンケアにもTPOがあります。例えばお子さんがいて、赤ちゃんの夜泣きでぐっすり眠れない、仕事が忙しくて寝不足続きなど、睡眠中に肌が修復されないような環境にある人は、クリームの力を借りてもいい。不規則な生活で肌にダメージが蓄積されている人にとっては頼りになる存在です。しかし、健康的な生活ができているのであれば、まず**頼るべきは自前の潤い**。

捨て去るケアで、フレッシュな肌に整えるのが先決です。

捨てる美容に目覚めてからというもの、僕は「肌が乾燥するから、ちゃんと角質ケアをしよう」と考えるようになりました。分厚くなった角質を取り去れば、自《おの》ずと肌は力を取り戻す。

クリームはダメージを受けた肌状態を一時的にガードするコーティング剤のようなもの。「捨てる美容」にとっては、必需品ではありません。

Hiro's Method

唇にも捨てるケアが必要

リップクリームが手放せないという人は多いもの。乾燥を感じるたびに塗ることが習慣化していませんか？

唇がカサつく、という女性達に、**「唇もちゃんと洗ってる？」**と訊ねると、多くの人が驚いた顔をするので、僕のほうがびっくりしてしまいます。唇も肌と同じように新陳代謝を繰り返していて、毎日古い角質を溜めていきます。対症療法的な「与えるケア」だけでは、キレイになれないのは唇も同じ。唇にも「捨てるケア」が必要なのです。

僕は、毎日の洗顔のついでに、唇もブラシでクルクル。さらに週に一度は優しくスクラブ[※1]でケア。選ぶのは、オイル成分をベースにシュガースクラブが配合されているもの。取り去りながら、潤いを与えるものがベストです。

このおかげで、唇は常に乾燥知らず。リップクリームはここ数年使っていませんが、周りの人から唇のプルプル感をよく褒められます。

リップクリームを何度塗っても唇がカサカサになってしまうのは、角質が溜まっている証拠! 与えてだめなら、捨ててみましょう。

※1
愛用のリップスクラブはP.63にて紹介。

Hiro's Method

毎日のデトックスマッサージでメイクと一緒に顔コリも捨てる

一部の女優達が透き通るようなきめ細かい美肌をキープしている裏には、秘密があります。残念ながら、この本ですべてをお伝えすることはできませんが、ひとつだけ言えることがあります。それは、彼女達も「捨てる美容」の実践者。メイクを落とすときに**クレンジングを使わず、あるオイルでマッサージ**をしているということです。

ファンデーションやメイクアイテムは油性なので、油分で落とす必要があります。市販のクレンジングは、水分と乳化させてすすぐ都合上、水と油を混ぜるために界面活性剤を配合しているのが一般的。この界面活性剤を多用すると、肌のバリア機能にダメージを与える可能性があることはこれまでにもお伝えしたとおりです。そこで、肌に優しくメイクを落とすために使いたいのが、**ゴールデンホホバオイル**。

女優達がクレンジング代わりに使っている、ゴールデンホホバオイルとは、未精製のピュアなホホバオイルのこと。人間の皮脂に近いワックスエステルをはじめ、抗酸化に優れたαトコフェロールなどの栄養が豊富に含まれていることで注目を浴びています。このオイルをたっぷりと使い、マッサージすることで肌のバリア機能を壊すことなく優しくメイク汚れをオフ。時間に余裕があるときは、途中でオイルを足しながら30分～1時間かけて**デトックスマッサージ**[※1]します。皮脂に近いオイルの成分が、毛穴やキメの奥まで入り込み汚れを溶かし出すことで、ときには黒い汚れがボロボロと出てくることも！　僕は、このマッサージのついでに、日々顔のコリをほぐしてリセットしています。

※1
デトックスマッサージの具体的な方法は、P.52をCHECK!

Hiro's Method

顔のコリ、むくみを捨てれば、何歳からでも小顔になれる

実は、僕自身、昔はエラの張った大顔がコンプレックスでした。当時は、フェイスラインは生まれつきのものだから、整形でもしなければ変えられないものと思い込んでいました。しかし、筋肉・リンパ・皮膚という三位一体のアプローチで、顔の大きさは変えられるという事実に気づいてからは、どんなに忙しくても毎日その日の顔コリやむくみをリセットするのを習慣化。すると、日に日に顔が引き締まってリフトアップしていったのです。改めて7年前の写真を見返すと、体重は同じなのに顔の大きさが全く違い、今のほうが若返って見えるのが一目瞭然です。

その経験を活かし、女優やモデルにメイクをする前には、顔のコリをほぐし、滞ったリンパを流す小顔マッサージを取り入れています。美容への意識が高い彼女達ですら、顔にコリやむくみを溜めていることがほとんど。その場で目に見えて引き締まった小顔になるので、とても喜ばれます。反響がうれしい一方で、普段から毎日自分で顔のコリやむくみを捨てることができれば、もっとリフトアップできるのにもったいない！という気持ちに。人に見られるプロですらそういう状況ですから、一般の女性に至っては自分の顔の筋肉がこわばっていることにも、老廃物を溜めていることにも無自覚なことがほとんどなのです。

逆に、**今まで顔のコリを手つかずのまま放置してきた人は、そのぶん小顔になれる**可能性があるということ。顔が少し引き締まるだけで洗練された印象に。全身のバランスが整って服も映えるし、将来のシワやたるみの予防になるなどいいことずくめです。小顔の辞書に遅過ぎるという文字はありません！　むしろ、年齢を重ねるほどコリも老廃物も溜まるのだから、大人こそ真っ先に取り入れてほしいのです。

Hiro's Method

顔だけを触っていても キレイにはなれない!

顔をキレイにしたいなら、体へのアプローチがマスト。だから、僕のメソッドでは頭皮やデコルテも必ずマッサージします。僕は顔を「バスト以上、百会《ひゃくえ》未満」と捉えてます。人体模型を見てみるとわかるように、皮膚の一枚下にある全身の筋肉や筋膜は顔と密接につながっています。だからこそ、顔をケアするだけでは、小顔やリフトアップは叶えられないのです。

では、どこからアプローチすればいいのでしょうか。まず、頭頂部にある〝百会〟のツボは、重力のもと二足歩行する人間ならば、必ず凝っていると言っても過言ではない場所。そして、顔と皮一枚でつながっている頭皮や、耳周り、首、デスクワークで強張りがちな肩から胸筋まで。このうちのどこかが凝っていると、顔もつられて引っ張られ、下がったり歪んだりしてしまいます。また、最近ではスマートフォンを持つ人が増えたことで、ひじ下が強張っている人も増えています。だから、僕がマッサージ[※1]をするときは、**「バスト以上、百会未満」、プラスひじ下**というのが鉄則なのです。

さらに、僕の経験としては、顔と体の角質の状態についても同じことが言えます。例えば、顔に角質が溜まっている人は、足裏やかかともガサガサしがち。そして、全身の角質の生まれ変わりがスムーズな人は、顔の角質もフレッシュな状態を保っているもの。顔から足まで、角質のコンディションはつながっている。だから、美肌を目指すならば、ボディの角質ケア[※2]もおこたらないでほしいのです。

※1
マッサージについては P.52 〜 59 で紹介。

※2
ボディの角質ケアについては P.148 で紹介。

Hiro's Method

朝のケアはメイクのりとダメージからいかに守るかを考える

朝と夜では、スキンケアの役割が異なります。朝のスキンケアで重視すべきは、いかにメイクのりがよく崩れにくい肌を作るか、そして大気汚染や紫外線ダメージから守るかです。

それでは、朝のスキンケアの手順をお伝えしましょう。まずは洗顔。朝、顔を洗うときは、必ず冷水で洗います。肌の上で体温に対して14℃以上の温度差を作ることで代謝が上がり、キメや毛穴が引き締まります。そうすることで、メイクののりと持続力がアップ。逆に、ぬるま湯などで洗うと、肌がゆるんでベースメイクが毛穴落ちし、崩れやすくなってしまうのです。

次に、濡れたままの顔にブースター[※1]役の**フェイスオイル**をなじませます。濡れた顔になじませたほうが、全顔に薄く均一にのばすことができる。だから、あえて洗顔後は、タオルなどでふかず、顔に残った水滴を手でパッティングしてなじませるのです。ここでしっとり系の化粧水やクリームを挟むとムラになりやすいというのが、僕の経験則です。

そして、顔全体に**天然水や温泉水のスプレー**をシューッと吹きかけ、両手で顔を包み込むようにしてなじませます。顔の表面に油分と水分が最適なバランスで行き渡っていることが大切です。

仕上げは日焼け止め。日中の肌は、紫外線はもちろん、大気汚染やチリ・ほこりなどの刺激に囲まれています。だから、現代を生きる女性にとって、肌をダメージから守ってくれる高機能な日焼け止め下地はマスト。僕が選ぶなら、透明タイプか少しだけ肌をトーンアップしてくれるもので、厚みが出ず、メイクに響かないタイプ。この日焼け止め下地まで塗って、はじめて朝[※2]のスキンケアが完成します。

※1
ブースターとは、洗顔後すぐの肌になじませ、次に使う化粧品の浸透を高めるもの。

※2
朝のスキンケアの詳しい手順とオススメアイテムはP.60～63に。

Hiro's Method

夜は肌の修復を妨《さまた》げないシンプルケアに徹する

肌は夜生まれ変わります。**日中のダメージを修復**し、明日の美肌を育むのは夜。だからこそ、夜のスキンケア[※1]で大事なのは、肌に余分なものを残さない「捨てるケア」と、肌の修復機能を妨げないシンプル&ピュアな「与えるケア」。理想的な比率は、捨てる9割、与える1割と覚えましょう。

まずは、ポイントメイクを専用のリムーバーでオフした後、ゴールデンホホバオイルを使ったデトックスマッサージで、メイク汚れと顔コリを丁寧に取り去ります。さらに、顔の上で泡立てるブラシ洗顔で不要な

※1
夜のスキンケア方法や製品はP.60～63で紹介。

角質や毛穴汚れをオフ。

与えるケアは、湯上がりの濡れた肌に再びオイルをなじませた後、顔全体にウォータースプレーをシューーッと浴びて両手で包んでなじませれば完了。角質ケア美容液を使う場合はこの後に。肌をコーティングするクリームは避け、古い垢を捨て去って自ら生まれ変わろうとする肌の働きを邪魔しないようにしましょう。

ベッドに入ったら、仰向けのまま頭皮をマッサージ。僕はこれを「ツタンカーメンマッサージ」[※2]と呼んでいます。スマホなどは見ずに、ゆっくりと深呼吸してリラックス。夜10時〜2時までのゴールデンタイムに、いかに良質な睡眠をとるかは、スキンケアと同じくらい大切なのです。

※2
静かに横たわりながらマッサージをする様子が古代エジプトのツタンカーメンのようなので、このように命名。

Hiro's
Method

毎日のブラシ洗顔で古い角質や毛穴汚れを捨てる

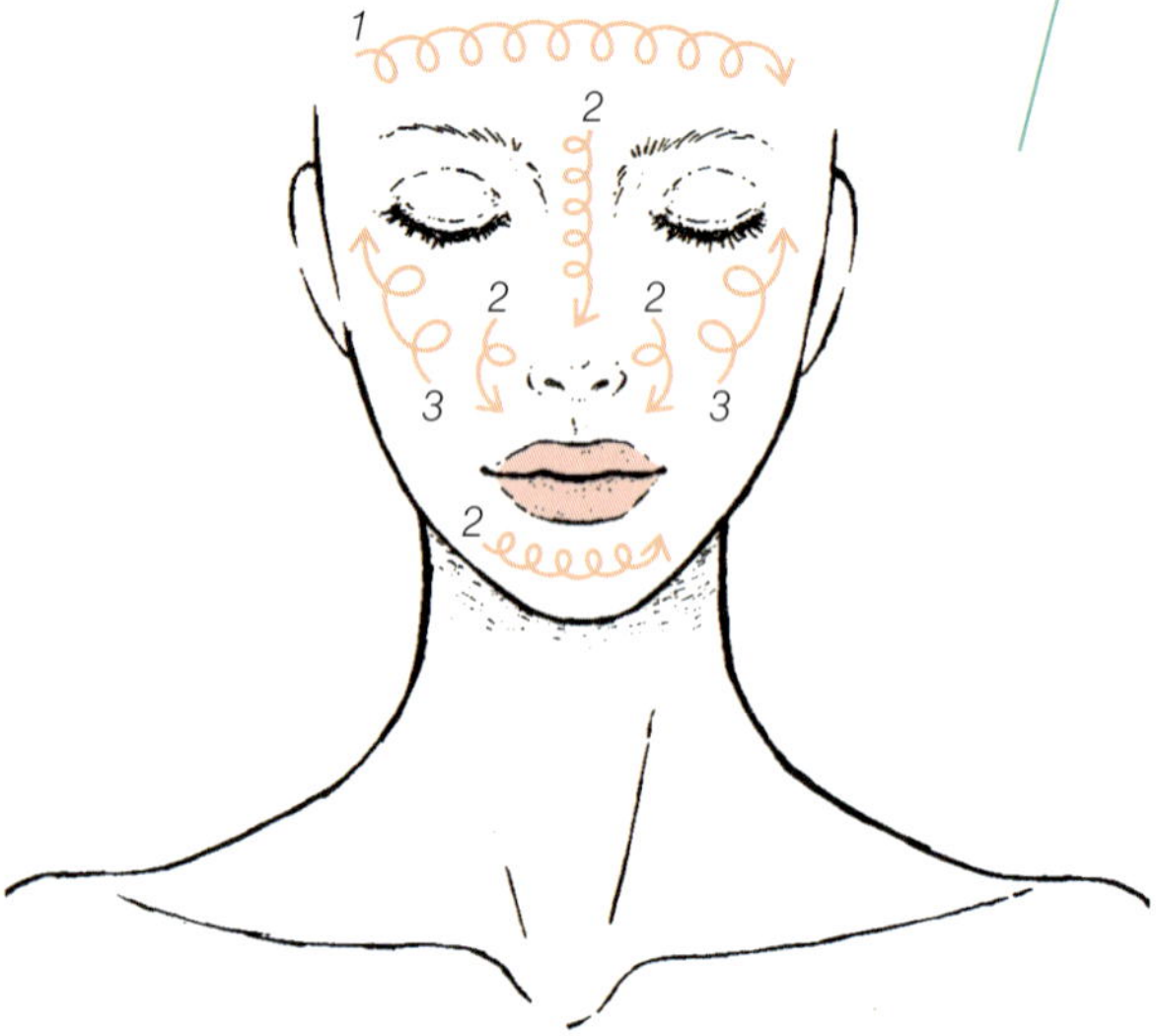

ヒロ流ブラシ洗顔の極意

- たっぷりの泡で洗うという常識を捨てる。
肌の上で泡立てることで、洗浄力をMAXに。
- 肌に負担をかけずに、
毛穴の奥の汚れまでかき出す、
洗顔ブラシを活用すべし
- キレイに洗う＝ゴシゴシ洗うにあらず。
圧をかけずに優しく摩擦させずに洗うべし

ブラシ洗顔のテクニック

1 ／ ブラシをぬるま湯で濡らし固形石けんをつける

洗顔ブラシをぬるま湯で湿らせる。ブラシで固形石けんを軽くこすり、肌の上で泡立てながら、額から円を描くように洗い始める。

2 ／ 皮脂の気になるＴゾーンやあごを円を描くように洗う

クルクルと円を描くようにブラシを動かし、皮脂やザラつきが気になる額、鼻、あごを洗う。

3 ／ 頬を下から上に洗った後、唇と目元を洗って、すすぐ

両頬からこめかみに向かって下から上にクルクルと円を描くように洗う。最後にくすみやすい口元と目元を優しく洗って、すすぐ。

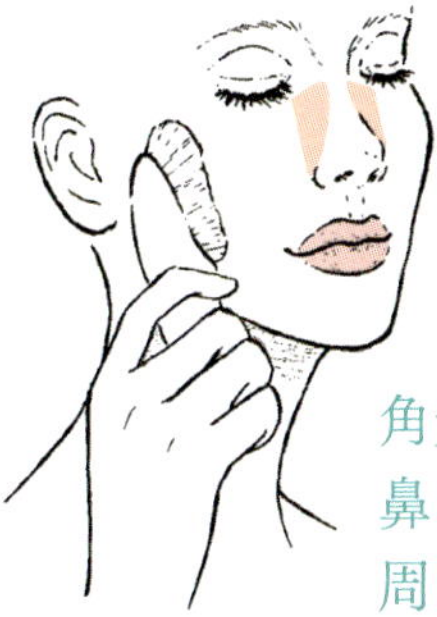

角質が溜まりやすい鼻のつけ根の周りも忘れずに

鼻のつけ根から鼻筋に沿ってくぼんだ部位は洗い残しが多い部分。この三角ゾーンも優しく洗う。

TAKE IT!

肌当たりのなめらかな極細毛を採用。顔の曲線にフィットするカーブ＆高密度ブラシで、肌に優しく洗顔。高密度洗顔ブラシプレミアムタイプ￥2500＋税／貝印

角質ケア成分配合で、くすみを一掃。ピーリング効果でキュッと清潔に洗い上げる。スキンピールバー ハイドロキノール ￥5000＋税／サンソリット

ひまし油やマヌカハニー配合で、ダメージ肌を優しく洗い上げるピュアなソープ。ソープトピアバーソープ スキン-E ￥1500＋税／ソープトピア

Hiro's Method

メイクもコリも毎晩捨て去る！究極のデトックスマッサージ

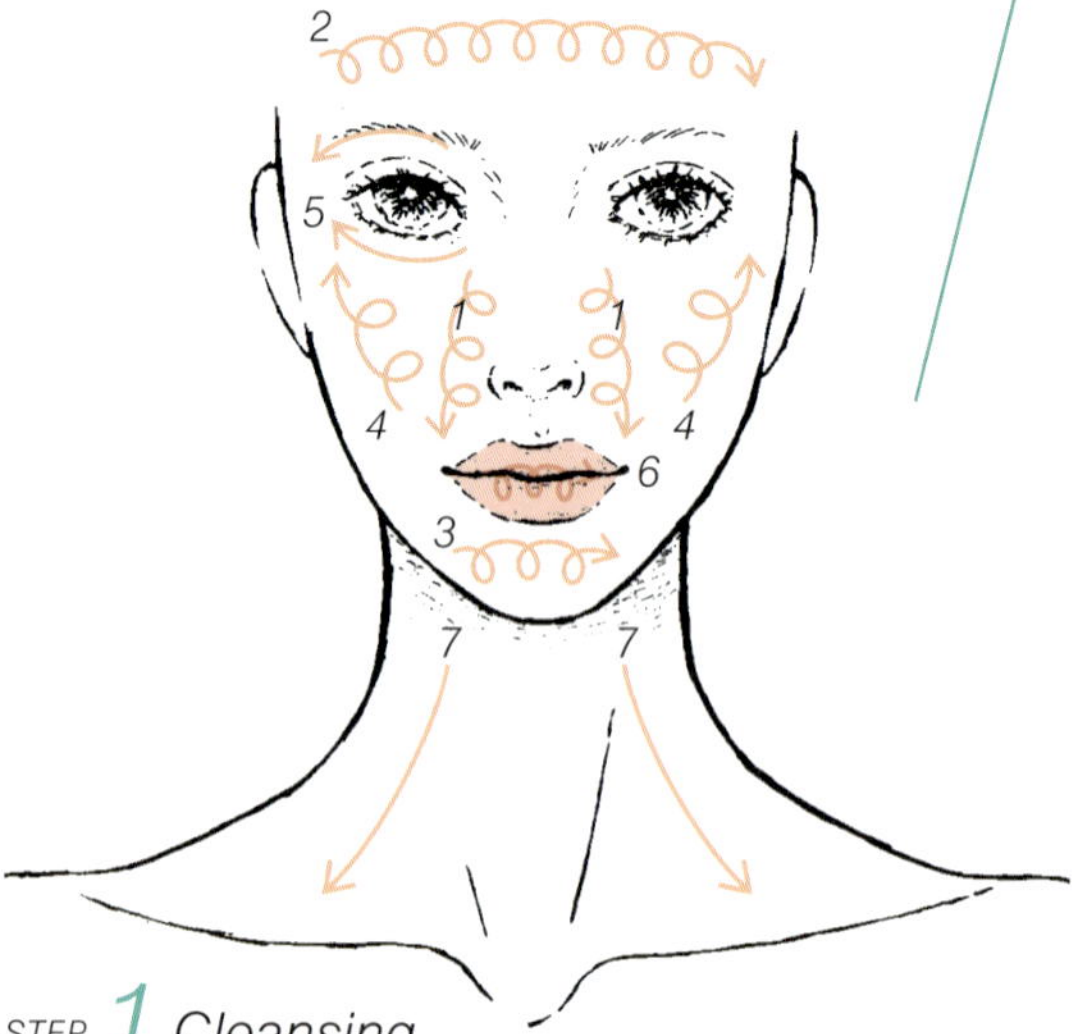

STEP 1 Cleansing

顔全体〜デコルテにオイルをなじませ肌表面のメイク汚れをオフ

ポイントメイクはあらかじめ、専用のリムーバーでオフしておく。手のひらにゴールデンホホバオイルを取り、顔全体〜デコルテまでなじませる。中指と薬指の腹を使い、①小鼻、②額、③あごの順でクルクルと円を描くようにマッサージ。④両頬は下から上に円を描くように、⑤目元や⑥口元は矢印の方向に優しく、⑦首〜デコルテはさすり下ろすようにメイクと汚れをなじませる。メイクが濃いときは、一度蒸しタオル（お湯で濡らしてからしぼったもので可）で軽く抑えるようにふき取る。

ヒロ流デトックスマッサージの極意

- 皮脂に近いゴールデンホホバオイルでバリア機能を壊さずに汚れをオフ。
- 毛穴やキメの奥まで入り込んだメイク汚れを根こそぎクレンジング。
- 日々の顔コリや澱《よど》みをマッサージでほぐして流す。

TAKE IT!

人間の皮脂に近いワックスエステルを豊富に含んだピュアなホホバオイル。マカダミ屋 ゴールデンホホバオイル 80ml ￥1278＋税／マカダミ屋

STEP 2

眉間と額のコリをほぐし、前頭筋と側頭筋をゆるめる

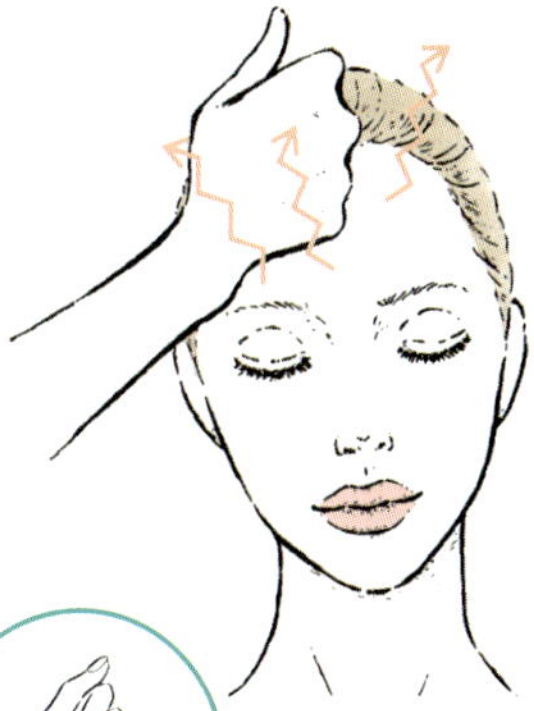

1 グーにした指の第二関節で額〜前頭筋をほぐす

グーにした指の第二関節を、眉間に当て下から上にグリグリとほぐす。同じ要領で手を左右に移動させながら、額全体をほぐす。同様に、生え際〜頭頂部までをグリグリとほぐす。

Close up!

親指を握らずにグーの手を作り、第二関節を使ってほぐす。

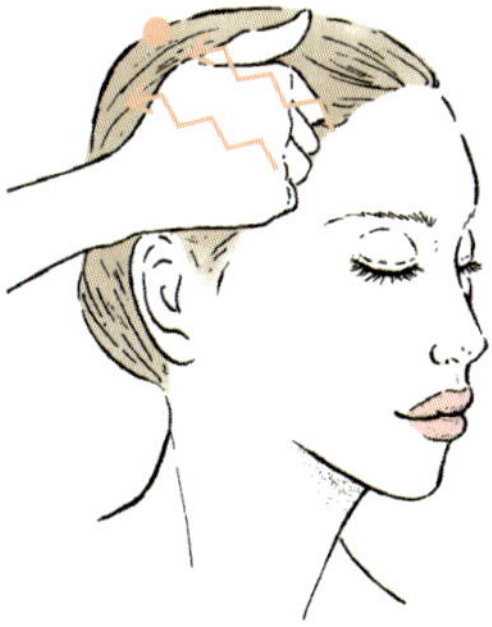

2 1と同じグーの手でこめかみ〜側頭部をほぐす

1と同じ手をこめかみに当て、側頭部に向かってグリグリとほぐす。手を移動させながら、側頭部全体をほぐす。頭頂部にある百会のツボを親指でプッシュする。

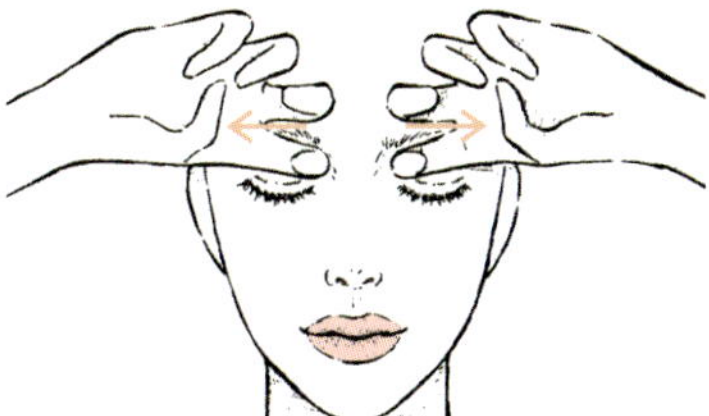

3 眉を挟むように内から外へコリをほぐす

オイルを顔全体になじませる。チョキにした指の第二関節を、眉を挟むように眉間に当て、内から外にほぐす。

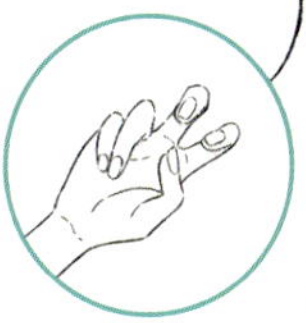

Close up!

人差し指と中指でピースサインを作り、第二関節で折り曲げる。

STEP 3

顔のコリをほぐして老廃物を耳に集める

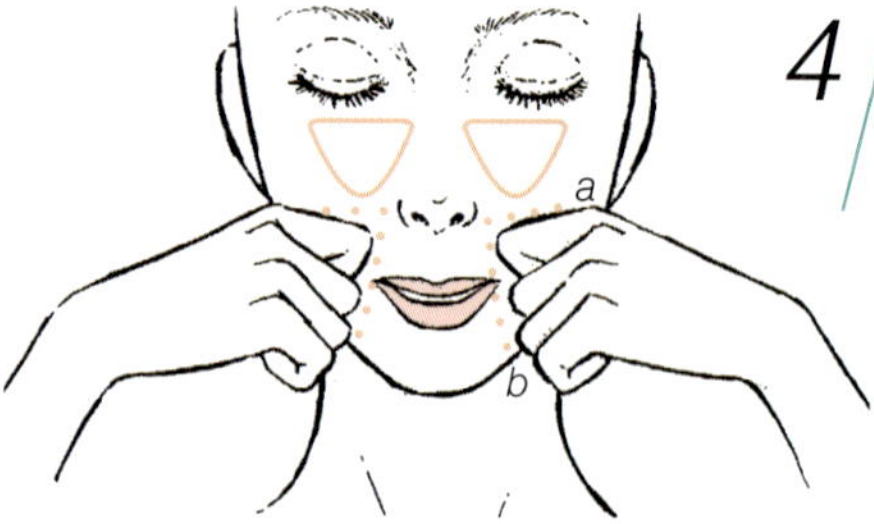

4　頬、ほうれい線、マリオネットラインをほぐす

頬の逆三角ゾーンの表面を優しくつまんでほぐす。人差し指の第二関節で頬骨の下をプッシュしてほぐし（a)、口角からあごまでのマリオネットライン（b）に沿って押しほぐす。

Close up!

5　ヤッホーポーズでほうれい線〜耳脇まで流す

ヤッホーをするように、人差し指の側面をほうれい線に、親指はあご下に当てる。手を押し当てながら、耳下に向かって引き上げるように動かす。４でほぐした老廃物を、耳下リンパまで流す技。

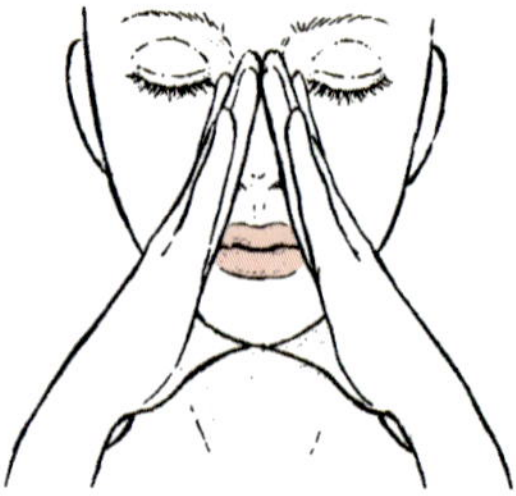

STEP 4

フェイスライン〜首を流し、鎖骨プッシュで老廃物を捨てる

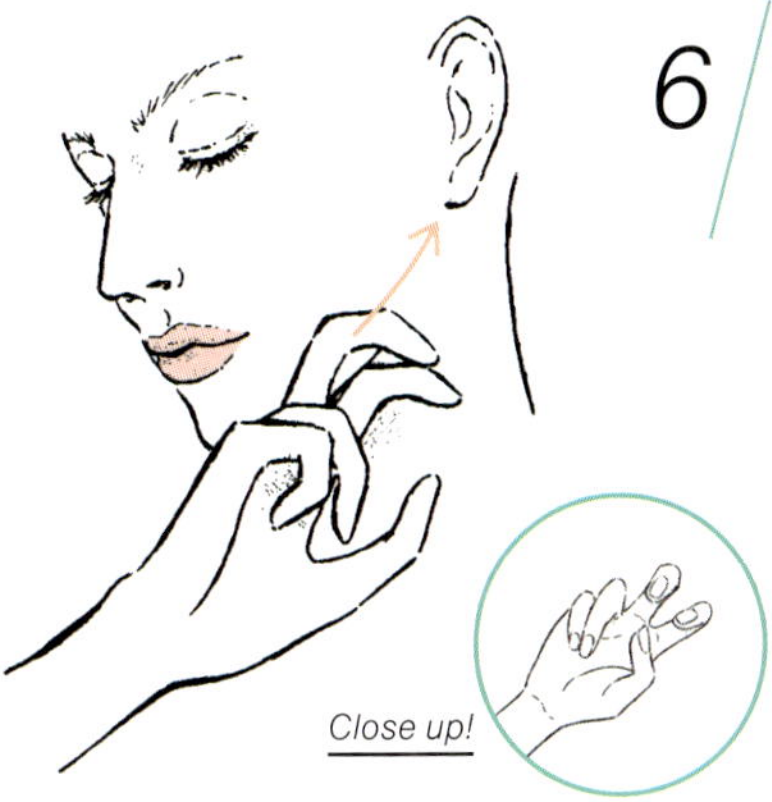

6 輪郭を挟んで耳に向かって流す

人差し指と中指の第二関節であごを挟む。そのまま輪郭に沿って耳下まで挟み上げる。反対側も同様に。顔周りの老廃物を耳下リンパに流し、すっきりとしたフェイスラインに導くためのテクニック。

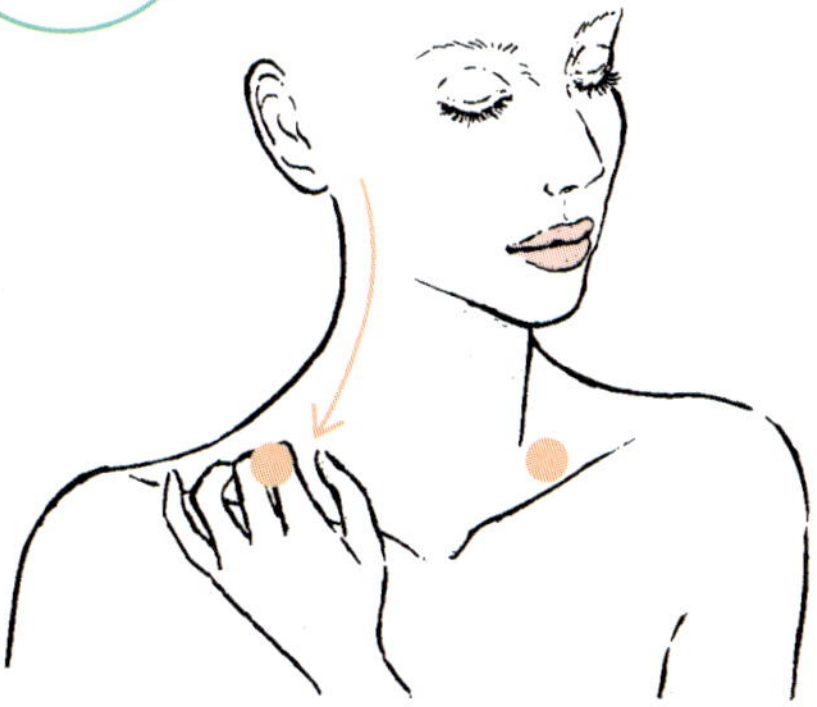

7 耳下〜首をさすり下ろし、鎖骨を強めにプッシュ

手のひらで耳下〜首筋をさすり下ろす。仕上げに、人差し指・中指・薬指を鎖骨の凹みにグイッと入れ込むようにプッシュ。老廃物を“ゴミポケット”役の鎖骨リンパに流してフィニッシュ！

※この後にP.50のブラシ洗顔をする。

Hiro's Method

日中は顔に触らずに遠隔操作でコリや澱《よど》みを捨て去る

朝よりも夕方のほうが、顔が老けて見えることはありませんか？　これは、重力や強張った筋肉につられて顔が引き下がるせい。マッサージで引き上げたいところですが、日中はメイクが崩れてしまうので、顔を直接マッサージするのは難しいのが現実。そこで取り入れてほしいのが、顔には触れずに〝遠隔操作〟で引き上げるマッサージ法。手っ取り早く顔を引き上げたいときは、こめかみ〜側頭部にかけて走る側頭筋をほぐします。さらに、脇下を揉んでリンパの流れを促し、意外と凝りがちな腕をほぐせば、朝起きたてのようなフレッシュな小顔が復活します。

側頭筋と腕をほぐす 遠隔小顔マッサージ

手のひらのつけ根で側頭部をほぐす

手根（手のひらのつけ根）をこめかみに当てて、クルクルとほぐす。同様に、手を側頭部に沿って少しずつずらしながらマッサージ。側頭筋をほぐして、顔に触れずに引き上げるテクニック。

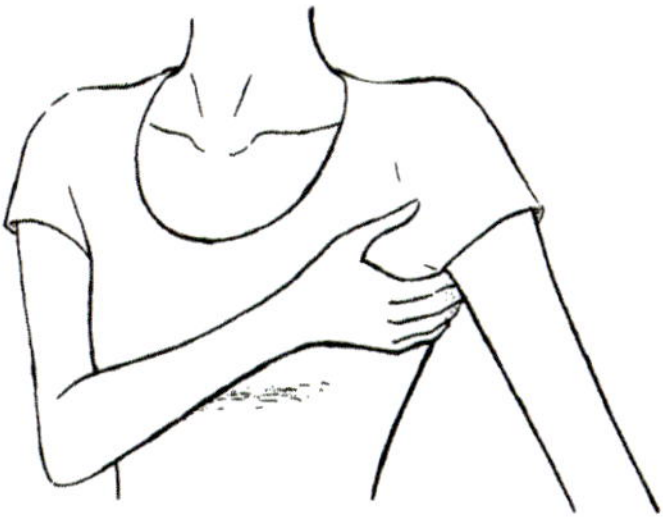

脇のリンパを流し前腕の筋肉をほぐす

脇をつかむように揉み、滞ったリンパを流して巡りをアップ。グーにした指の第二関節で、スマホやパソコン作業で、凝りがちな前腕を上下にほぐし、つられて引き下がっていた顔の筋肉をリリースする。

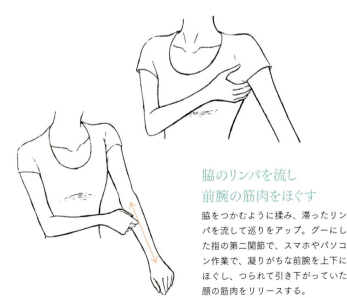

Hiro's Method

眠る前のツタンカーメンマッサージで重力の影響をリセットする

起きている間じゅう、重力で引っ張られ、下がりグセのついている肌。寝る前に、この重力の影響を一度リセットする習慣をつけると、眠っている間にキュッとリフトアップした小顔を形状記憶できます。具体的には、ベッドに入って仰向けに寝たまま頭皮をマッサージするのですが、引き上がった肌を保つように静かに眠る様は、まるでツタンカーメンのよう。夜のスキンケアを終えた肌に触れることなく、ドライマッサージで側頭筋[※1]と前頭筋をほぐすだけ。毎晩の「ツタンカーメンマッサージ」習慣で、重力の影響をリセットし、引き上がった肌を形状記憶して。

※1
側頭筋は頭の横（側頭部）にある筋肉。前頭筋は頭頂部付近から眉上まで続く筋肉。

仰向けで頭をほぐし、下がりグセをリセット

仰向けに寝て、側頭筋〜前頭筋をほぐす

手のひらのつけ根をこめかみに当て、クルクルとマッサージ。側頭部に沿ってずらしながら、後頭部に向かって揉みほぐす。同様に、額の生え際から後頭部に向かって円を描くようにマッサージ。側頭筋〜前頭筋をほぐす。

生え際〜後頭部を手ぐしでコーミング

生え際から後頭部に向かって、手ぐしで頭皮全体をとかすようにコーミング。頭皮をほぐして引き上げることで、顔もリフトアップ。重力による下がりグセをリセットしたら、なるべく仰向けで眠って形状記憶。

ヒロ流「捨てる」スキンケアメソッド

朝

朝は守るケア重視の
4ステップ！

START

洗顔

洗顔料をブラシに取り肌の上で泡立て、皮脂や毛穴の奥の汚れ、角質などをオフ。

▶ P.50

夜

眠る前に
肌をリセット。
6ステップ！

START

ポイントメイクオフ&クレンジング

ポイントメイクを専用のメイクアップリムーバーでオフした後、ゴールデンホホバオイルを顔全体になじませ、メイクを落とす。気になる場合はお好みのクレンジングを使用しても。

▶ P.52

デトックスマッサージ

クレンジングの後は、ゴールデンホホバオイルを使って、顔の詰まりやコリなど、滞っているものを捨て去る。頭皮や首、鎖骨の詰まりもしっかり流して。

▶ P.53

フェイスオイル

洗顔後、濡れたままの肌にフェイスオイルをなじませ、肌に潤いと活力を与える。

▶ P.46

ウォータースプレー

顔全体にウォータースプレーを吹きつけ、水分をチャージ。全体的に潤いの膜を行き渡らせます。びしょびしょになるぐらいが目安。その後、手のひらで優しくハンドプレスしながら水分をなじませる。

▶ P.46

※角質ケア美容液を使う場合はこの後に

日焼け止め下地

肌色を変えずキメだけが整い、顔色が明るくなるものを選ぶ。薄く顔全体にのばして、紫外線、大気汚染から肌をプロテクト。

▶ P.46

ツタンカーメンマッサージ

ベッドに仰向けに寝た状態で、頭皮をマッサージ。最後は髪の毛を手ぐしでとかすように頭皮全体をほぐして完了。

▶ P.58

「捨てる」を支える定番コスメ

ウォータースプレー

純度の高い水を惜しみなく与えて

古くから皮膚治療に使われてきた、フランスの湧き水をスプレーに。肌がスーッと鎮静する、穏やかな使用感。ターマルウォーター 150g ¥2200＋税／ラ ロッシュ ポゼ

バランスよく配合されたミネラルの働きで、健やかな肌に。温泉水100％のスプレー。アベンヌ ウオーター 300g ¥2200＋税（編集部調べ）／ピエール ファーブル ジャポン

浸透性抜群の天然水をそのままボトリングした、知る人ぞ知るスキンケアウォーター。ピュアな潤いをたっぷりと肌に届ける。小田切さんはアトマイザーに移して使用。アクアーリオ 530ml ¥3500＋税／環境保全研究所

フェイスオイル

ピュアなオイルで潤う力を守る

コンディションがイマイチなときはこれ。豊潤なローズの香りで、肌も心も満ち足ります。フェイスオイル エスケーピオン 30ml ¥11000＋税／HACCI

ニキビやシミが気になるときは、多くのセレブリティに愛されるこのオイル。トリロジー ローズヒップオイル 20ml ¥4300＋税／ピー・エス・インターナショナル

古くから抗菌力で知られている希少な月桃オイルを、2種類も贅沢配合。肌なじみのいいホホバオイルがベースで、素早く浸透。ムーンピーチ タマスアピオイル 30ml ¥6000＋税／レセラ

オーガニックオリーブ抽出オイルをはじめ、植物オイルをバランスよく配合。水分と油分のバランスを整えるために欠かせない、必須脂肪酸などを含み、ハリ感のある肌に。AQ ボタニカル ピュアオイル 40ml ¥15000＋税／コスメデコルテ

日焼け止め

メイクにひびかない 無色タイプがオススメ

紫外線はもちろん、乾燥や近赤外線のダメージからも肌をプロテクト。日中の肌を守り抜く、プレミアムなエイジングケア日焼け止め下地。B.A プロテクター SPF50・PA++++ 45g ¥11000＋税／ポーラ

無色透明でみずみずしい使用感。次に使うベースとも好相性。スキンプロテクター SPF50+・PA++++ 30g ¥3800＋税／アディクション ビューティ

高い日焼け止め効果を保ちつつ、軽やかにのびる使用感。うるおいを保ちつつ、環境ストレス因子などまでブロックする高機能タイプ。サンシェルター マルチ プロテクション SPF50+・PA++++ 35g ¥3000＋税／コスメデコルテ

角質ケア

生まれ変わりのリズムを整え、フレッシュな肌に

水のような感触ですみずみまでなじみ、肌の自然な生まれ変わりのリズムを整えるロングセラー〝角質美容水〟。タカミスキンピール 30ml ¥4584＋税／タカミ

キヌアの殻から抽出したエキスが、肌の"自己クレンズ能力"をサポート。キールズ DS マイクロピール コンセントレート 30ml ¥8500＋税／KIEHL'S SINCE 1851

リップスクラブ

唇の角質を穏やかに取り去る

唇の角質ケアは天然のオイル等が配合されているタイプのものを選べば、使用後はしっとりプルプルに。ナチュラルな黒糖のスクラブで唇の角質を取り去ります。サラハップ リップスクラブ ブラウンシュガー ¥3400＋税／スパークリングビューティー

Hiro's
Method

「捨てる」ことにためらったら、まずは一品、抜いてみる

たくさんのアイテムを重ねれば重ねるほど、時間やお金をかければかけるほどキレイになれると勘違いしてしまう。かつての僕自身も含め、そんなふうに頑張ってしまう人は、多いもの。でも、本来の自己治癒力を引き出し、なめらかで引き締まった透明感のある肌を手に入れたいなら、スキンケアはもっとシンプルで本質的なほうがいい。だからこそ、「捨てる美容」を試してみてほしいのです。

これまで、僕がたくさんの失敗を経て行き着いた「捨てる美容」のメソッドをお伝えしてきました。しかし、思い込みを捨て、いつもの手順、

慣れ親しんだ習慣を変えるのはとても勇気がいること。そこで、どこから始めればいいか迷ったら、**「まずは一品抜いてみる」**ことからスタート。「与えるケア」のうち、**〝重たいテクスチャー〟のものから**抜いてみましょう。例えば、美容液、乳液、クリームを使っているなら、まずクリームを抜いてみる。それに慣れたら、乳液をやめてみる。さらに、美容液を上質なオイルにシフトしてみる。最後に、化粧水をピュアな水に変える。そうやって手順を踏み、少しずつシンプル化するのもひとつの手段です。

「捨てるケア」についても同じ。顔の上で泡立てるブラシ洗顔や、デトックスマッサージに勇気がいるなら、最初は週1回のスペシャルケアとして取り入れてみても。肌の調子がいいときに少しずつ慣らして、繊細な変化を感じ取ってみましょう。

Hiro's Method

清潔感を宿すには、顔のムダ毛を捨てる

清潔感は、毛に宿る。極端な話、どんなにパーフェクトな美女でも、鼻毛が一本飛び出しているだけで途端に不潔な印象になってしまうもの。美しい毛流れの眉や、スッと先端に向かって細くのびるまつ毛の作り方はメイクの章で詳しくご説明するとして、ここではそれ以前のフェイスラインや口の周りのムダ毛やもみあげ、鼻毛の整え方についてお話ししたいと思います。

僕が広告や雑誌の写真を見るとき、最初に目がいくのはフェイスラインのうぶ毛やもみあげの処理。一流のプロの仕事は、うぶ毛の毛流れま

で意識が行き届いているものです。**メイクの仕上げにスクリューブラシで軽くとかすだけ**で、見違えるほどの清潔感が生まれます。さらに言えば、うぶ毛のとかし方次第で、顔の「見た目面積」を変えることも、イメージを変えることも可能。ふわっとさせればピュアで若々しい印象、タイトになでつければ大人っぽく洗練された印象に。特に、着物の撮影のときは、生え際、もみあげ、襟足が整っていることで、着物姿の格まで違って見えてしまうので細心の注意を払うことが必要です。

そして、**顔の中心には、眉毛とまつ毛以外の毛は不要。**鼻毛や口の周りのムダ毛は、小まめに電動シェーバーや毛抜き、レーザーなどで脱毛することをオススメします。そのほうが、肌も明るく見え、透明感がアップします。

大人になればなるほど、清潔感を保つためには意識と努力が必要。毎日メイクをする前に、顔の中心にムダな毛がないか、確認を。顔のムダな毛はきちんと捨て去ってこそ、清潔感や品格が宿ることを忘れないで。

Hiro's Method

素敵な大人の女性になるために。最優先で捨てるべきは、年齢への執着

例えば、30代、40代、50代になっても、子供のようにシワもシミもひとつないまっさらな肌をしている大人の女性を、素敵だと感じますか？僕はそうは思いません。やみくもな「アンチエイジング」より、いかに素敵に年を重ねるか。エイジングサインを受け入れず、必死にもがいている人は、どうしても力《りき》んだ印象に見えてしまいます。美容医療の手を借りて、ピンと張ったシミひとつない肌をしている人と面と向かってみると、どんな思いでどんな人生を生きてきた人なのかの年輪が感じられず、むしろホラーに思えるのです。

その一方で、シミもシワもたるみもあるのに美しい人は、ごまんといます。大人になったら、生まれ持った容姿だけでなく、老いを受け入れて、そのうえでどう美しくあるかを見据《みす》えている人のほうが断然キレイ。**「もう若くない自分」を受け入れていないのに、大人として美しく存在するのはとても難しいこと。**シミやシワ、たるみ。年齢とともに現れるサインは、過ぎ去った時の大切な痕跡。消すのではなくやわらげる。逆らい抗《あらが》うのではなく、受け入れる。そして、若さへの執着は捨て去る。**若さに固執しない潔さこそが、大人にしか出せない聡明感と透明感**の土台となるのです。年齢はただのナンバーであり、大人には大人にしか出せない美しさがある。まずは、そう信じて若さにこだわろうとする心を捨ててください。大人のキレイの心構えは、そこがスタート地点です。

Hiro's Method

横ジワは育て、縦ジワは捨てる

鏡を見たとき、自分の顔に数年前にはなかったシワが刻まれていたら、どう受け止めますか？

もし、そのシワが横ジワだったら「ラッキー」と思ってください。横ジワが入ると、顔に柔和な優しさが加わり、包容力や母性を醸し出します。幸せそうなおばあちゃんの顔を想像してみてください。ニコッと笑ったときに、目尻にやさしいシワが走っているはずです。だから、顔に**横ジワが増えたときは、「やさしさが増えた！」**。そう前向きに受け止めましょう。

一方、**意地悪で険しい印象を与える縦のシワ**となると、話は別です。例えば、眉間の縦ジワ、口角が下がった顔に見えてしまうマリオネット[※1]ライン。ゼロにしようと必死になることはありませんが、深くなるのを防ぎ、やわらげる努力は必要。細いシワなら、角質ケアをきちんとして、厚く硬くなった肌を柔らかくすること。そして、オイルと水で肌表面の潤いを守ることでやわらげることができます。たるみや筋肉の落ち、表情のくせによるコリから生まれるシワは、日々のマッサージでなるべくリセットするように心がけましょう。

その人がどんな人生を送ってきたのか、その年輪を感じさせる**シワは大人の勲章**であり、深みや味わいにつながります。できてしまったシワを嘆《なげ》き、つくらないように必死になるのではなく、どうせならいい表情でいいシワをつくることを目指しましょう。

※1
マリオネット（腹話術の人形）のように、口角からあごにかけて現れる縦ジワ。

Hiro's Method

大人になったら「顔がキレイ」より「佇《たたず》まいがキレイ」

年齢を重ねるほど、顔の造形が整っているだけでは、魅力的に見えなくなるのを痛感します。それは裏を返せば、生まれつきの顔かたちに囚《とら》われることなく、誰にでも美の大逆転をするチャンスが訪れるということ。メイクによって、その人の顔立ちをより美しく見せるのが仕事の僕がいうのも変かもしれませんが、正直、大人になるほど、持って生まれた顔の形状はどうでもよくなっているのではないかと思ってしまうのです。

本当のキレイは、目と肌と心。そして、いでたちや佇まいに宿る。その点、何かに一心に打ち込んできた人や、何かを極めた人はオーラや目の輝きが違うなと感じます。ときに髪を振り乱していても、瞳がいきいきと輝いている。この輝きだけは、年齢を経ても奪うことのできない魅力。ときどき還暦をこえているのに少女のように無垢な瞳の人に出会うことがあります。極論ではありますが、素敵なマインドで年を重ねると無垢な少女に還っていくという人がこの世にいるものなのです。何歳になっても、磨きをかけるにこしたことはありません。

意志を伝えるのは目。心の窓は肌。そして、**生き方を物語るのは佇まい。**仕事でも家事や育児でも、趣味でもいい。何かひとつ、これは！と情熱を注ぎ、自信が持てることを見つけることで、**「顔がキレイ」のさらに上を行く大人の美**を育めるのではないか、そう感じています。

小田切ヒロ一問一答

「ヒロさんってどんな人？」。
そんな疑問にQ&A形式で答えます。

Q.1

ヘア&メイクアップアーティストを志したきっかけは？

美容師時代に「ヘアだけでは女性をキレイにできない。メイクもライフスタイルも含めた、トータルビューティをプロデュースするような仕事がしたい」と考えるようになりました。ちょうどビューティ誌が流行り始めた時期で、今まで裏方だったヘア&メイクアップアーティストが脚光を浴びているのを見て「こんな職業があるんだ！」と知り、目指すようになりました。

Q.2

影響を受けた人は？

スーパーモデルブームのときに海外雑誌で見たフランソワ・ナーズとケヴィン・オークィンのメイクに憧れ、強い影響を受けました。フランソワが個性を活かして強調するタイプなら、ケヴィンはパーフェクトな美の理想に向かってバランスを整える正反対のタイプなんです。そして、やはり師匠の藤原美智子さんから学んだものはとても大きいですね。

Q.3

仕事前に必ず行なうルーティンは？

髪、爪、マウスケア。

絶対に清潔感を失わないように。

Q.4

自分の顔でいちばん好きなパーツは？

ビューティフルアイズ。

Q.5

美のミューズは誰？

一人には決められません。

その時々、場面によって
美のミューズは変わるもの。

Q.6 好きな香りは？

精油の香り。

特に好きなのは、

ティーツリーやジャスミン。

Q.7

アイディアが浮かぶのはどんなとき？

常に！
生活のすべてが
アイディアのもと。

目に入るものすべてに影響されるし、目に映るものすべてがインスピレーションになる。空や木など自然を見て感じることも多いけれど、建築などからも。

Q.8

メイクでやりすぎないためのコツは？

時間を決めること。

時間内でスピーディに仕上げたほうが上達するし、やりすぎ防止にもなる。時間を決めないと、メイクは終わりがないものだから。長々やっても崩れるばかりで、キレイにならない。

目安は20分以内。
フレッシュさを大切に。

Q.9 手放せないものは何？

手放せないものはない。
先のことしか見たくないし、
うしろは振り返らない。

いいことも悪いことも、振り返ることはありませんね。

Chapter. 2

メイクアップ

Make-up

完全武装のメイクを
脱ぎ捨てれば
本来の魅力が輝き出す

大人の女性を美しく見せるのは、
欠点をすべて隠した肌でも、
色鮮やかなメイクでもない。
完璧を目指さない軽やかさが、
本質的な美と洗練を育む。

Hiro's Magic

全力投球のメイクで〝お面〟をつけていませんか？

大人の顔はたいてい、重く厚くなり過ぎているもの。メイク歴が長くなればなるほど、自分のメイク方法が確立し、使うアイテムやルーティンは増える一方。さらに、年齢を重ねると、エイジングサインを隠そうとついつい厚塗りになったり、無意識に盛ったりしてしまいがちです。だから、捨てるべきは、「全部やらなきゃキレイになれない」という思い込み。大人の女性に必要なのは、足し算ではなく、引き算です。ここでは、洗練された大人メイクのために覚えておいてほしい、捨てるメイクの公式を紹介します。

「ベースメイクで100%を目指さない」ベースメイクの時点で100%に仕上げてしまったら、チークやリップなどのポイントメイクを足すと、今にも舞台に立てそうなやりすぎメイクになってしまいます。肌づくりの段階ではあえて完璧を目指さず、60%仕上げぐらいを意識。ポイントメイクが完成して初めて100%になるような、ほどほどの肌を目指しましょう。シミやくすみ、毛穴などのアラを完璧に隠すことよりも、程よく透けさせたり、活かすことを考えて。使うアイテム、塗る面積、厚みはできるだけ少なく。少し物足りないぐらいがちょうどいいのです。

「ポイントは2カ所にしぼる」肌、目、眉、チーク、リップ。すべてのパーツに全力投球して完璧に仕上げると、顔はどんどんお面化してしまいます。全部が主張する力んだ盛り込みメイクは、ときに年を重ねた女性を痛々しく見せてしまいます。大人を素敵に見せるメイクは、2点盛りまで。例えば、肌と眉、アイメイクとリップというふうに、際立たせるパーツは2カ所までにとどめましょう。

「ベーシック9割、トレンド1割」誰にでも好印象を与えつつ、透明人間にならない個性を印象づけるには、ベーシック9：トレンド1の割合がちょうどいい。タイムレスな大人の魅力を感じさせつつ、時代の風をスパイスとして効かせることで鮮度を保つ。流行に振り回されず、程よく取り入れて自分のものにするためのベストバランスです。

「個性は静かに漂わせる」中身に自信がある大人は、たいていナチュラルなもの。なぜならば、もはや必死で個性を主張したり、取り繕ったり、威圧する必要がないからです。これはメイクアップにも通じること。成熟した大人の女性は、ナチュラルな佇まいから、静かに個性を漂わせたほうが断然かっこいい。迷ったら、飾り立てた奇抜さよりも、シンプルさを選びましょう。

さて、引き算メイクの公式をインプットしたら、いよいよ具体的なメイク方法のレクチャーです。鎧のようなメイクのムダを削ぎ落とせば、あなたの本質的な魅力や個性がより輝き出す。捨てるメイクで、大人にしか出せない聡明感や知性を思い切り引き立たせましょう。

Hiro's Magic

〝ドラえもんゾーン〟にファンデーションはいらない

キレイになるために塗ったファンデーションのせいで、顔が大きく厚化粧に見えていませんか？　下地やファンデーションを塗るのは、明るく見せたい顔の中心だけ。フェイスラインに沿った〝ドラえもんゾーン〟は何も塗らないほうが、ナチュラルかつ小顔に見えるんです。

くすむのが怖い？　いいえ、〝ドラえもんゾーン〟はくすんだほうがいいんです。だって天然のシェーディング効果で、**くすめばくすむほど顔が小さく見える**のだから。顔全体にムラなく塗るよりもずっと簡単。何も塗らないのが気になるならお粉を軽くのせるだけにとどめましょう。

塗らないだけで、小顔！

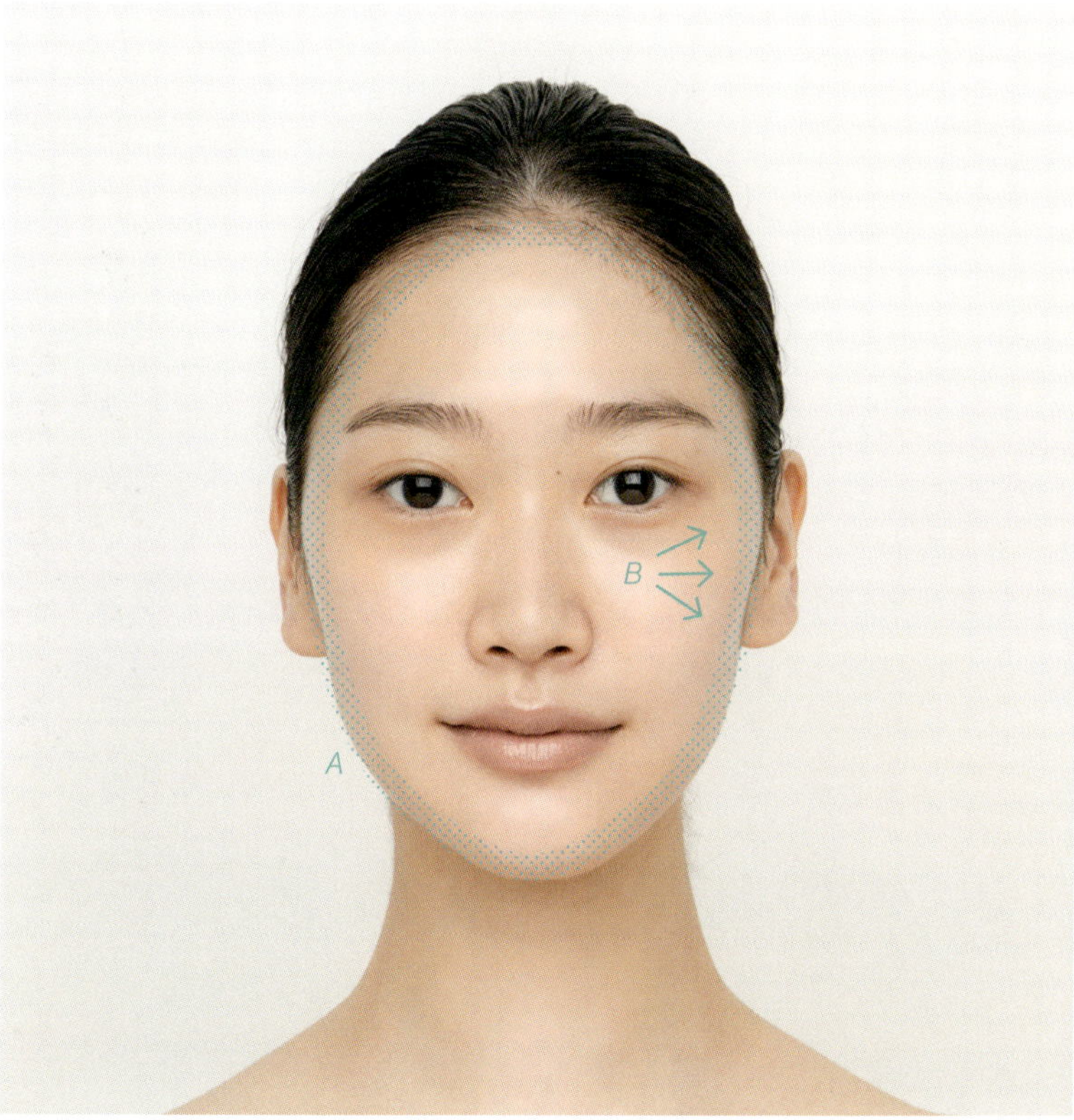

A フェイスラインは塗らない

フェイスラインの"ドラえもんゾーン"には、下地もファンデーションも塗らないのがヒロ流。顔周りのくすみを活かし、天然シェーディング効果で小顔を演出。この部分に塗っていいのは少量のフェイスパウダーだけ。

B 頬はきちんと塗る

下地やファンデーションを塗るときは、頬の高いところから外側に向かってぼかす。顔の中心がキレイにカバーされていれば肌全体が美しく見えるうえ、中心が明るくなることで顔全体のメリハリを強調することができる。

Hiro's Magic

ファンデとコンシーラーのいいとこ取り エマルジョンファンデを味方に

カバー力を調整しやすいエマルジョンファンデーションは、いわば**コンシーラーとファンデーションのいいとこ取り**をした一石二鳥アイテム。これひとつだけでコンシーラーなしでもシミや赤みなどを隠せるうえ、カバーした部分と塗っていない部分の境目をぼかしやすいので、使う量も少なくて済む、大人のベースメイクの強い味方です。さらに、仕上げのフェイスパウダーもいらないので、ベースメイクの過程もポーチの中身も一気にスマート化。大人の肌をキレイに見せる、程よいツヤ感のものが揃うのも魅力です。

ファンデーションとして

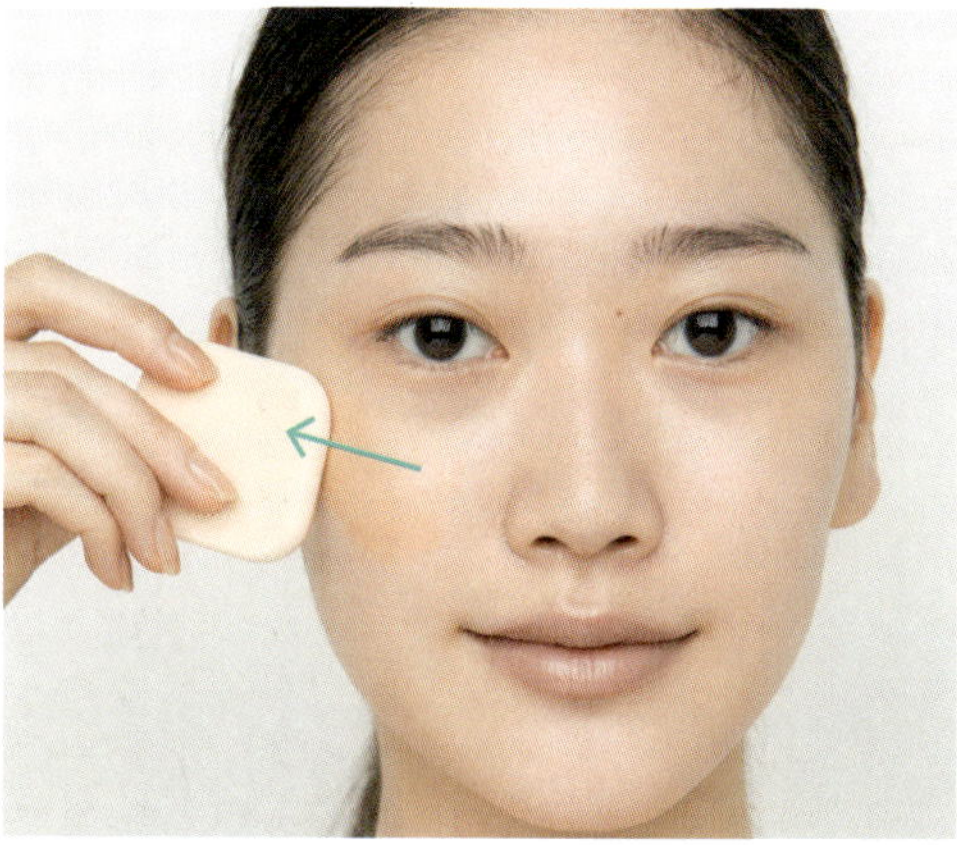

頬から塗り始め内から外にぼかす

エマルジョンファンデーションを、スポンジの1/2に取る。いちばんキレイに見せたい頬から塗り始め、顔の中心から外側に向かってぼかす。フェイスラインを避けて塗ると、自然な小顔印象に仕上がる。

コンシーラーとして

スポンジを折りたたみ、優しく叩き込むように塗る

スポンジを半分に折りたたみ、エマルジョンファンデーション少量を取る。小鼻、目の下、口角など、くすみの気になる部分に、ポンポンとパッティングするようにソフトに叩き込んでなじませる。

TAKE IT!

美容液でメイクする発想で、フレッシュなハリ肌に。MiMC ミネラルクリーミーファンデーション SPF20・PA++ ￥6500＋税／MIMC

下地不要でしっとり肌に。フレーム フィックス モイスチャライジング ソリッド ファンデーション SPF25・PA++ ￥8500＋税／SUQQU

Hiro's Magic

影への恐れを捨てる。大人は〝光と影〟でキレイになる

フェルメール[※1]の絵画しかり、マン・レイ[※2]の写真しかり。優れたアーティストは、万物を光と影で捉えることで美しい作品を創り上げています。立体的な造形物である人間の顔も、同じ。ちょっとずつ光と影を足すことで、立体感が増し、美人印象がアップするのです。特に、年齢を重ね、顔が膨張して輪郭がもたつきがちな大人にこそ、光と影はマスト。**ハイライトの光とシェーディングの影**を取り入れ、自分の持っている骨格をキレイに引き立たせれば、より自然かつ印象的にその人らしい個性が輝き出すのです。

※1
ヨハネス・フェルメール：17世紀オランダの画家で、陰影を巧みに用いた質感表現で知られる。代表作に『真珠の耳飾りの少女』など。

大人に必要な光は2つあります。それは、ツヤの光とハイライトの光です。ツヤと言えば忘れられない話があります。多くの成功者を見てきた銀座のママ曰く「成功している人には、みんなツヤがある。だから、幸せになりたかったら、偽物でもいいからツヤを出しなさい」ということ。年齢を重ねてツヤを失った肌には、程よいツヤをおぎなったほうがキレイに見えます。とはいえ、テカテカとした過剰なツヤは、品に欠けて見えるもの。大人の肌が纏うべきツヤは、内から発するようなほのかで柔らかなツヤです。だからこそ、**重ねるツヤより仕込むツヤ**。ファンデーションのベースに、ハイライト下地を仕込む「ストロビング」[※3]で、内側からのさりげないツヤを演出しましょう。

ハイライトも、大人にふさわしいのはギラギラとこれ見よがしな光ではなく、静かに主張する光。肌にしっとりとなじむ練りハイライトを、点でのせる「ビーミング」[※4]で、メリハリを掘り起こし、自然な立体小顔に。ツヤを仕込む「ストロビング」と立体感を引き立てる「ビーミング」。2つの光で大人の肌も顔も、もっと美しくなるのです。

※2
マン・レイ:20世紀の写真家・画家・彫刻家。光と影を駆使した様々な技法で、印象的な作品を数々生み出した。

※3
「ストロビング」のテクニックはP.88に。

※4
「ビーミング」のテクニックはP.89に。

クマ、くすみ、くぼみ……。放っておいても、大人の顔にはエイジングサインによるちょっとした影が増えていきます。だからといって、必死になって影という影をすべて消そうとすると、途端に不自然でバランスの悪い顔になってしまいます。そもそも、「消そう」とする行為自体がポジティブではないし、隠そう隠そうと塗り重ねるほど、時間が経って崩れたときに汚いもの。そこで、捨ててほしいのが影を恐れる心です。**影は消すのではなく、活かすもの。**目元がくすめば、ブラウンのアイシャドウを塗らなくても彫り深な目元になる。顔のくすみを消さなければ、シェーディングの代わりになる。自分の顔にできた影を条件反射のように消そうとする前に、「どうにか活かせないか」と考えるクセをつけてください。影は、人間の顔に奥行きと深み、趣を与えるもの。**顔になじんだ翳《かげ》りは、大人の女性を色っぽく見せる**引き立て役なのです。

自前の影を活かしたうえで、さらに足してほしいのが輪郭と首元のシェーディング。もたついてぼやけがちな輪郭をシャープにするだけで、すっきりと洗練された印象に変わるからです。

究極、メイクには光と影だけがあればいい。光と影を際立てることで色もアイテムも、潔く引き算できるのです。もともと顔にある光と影を引き立たせることで、どんなに飾り立てたメイクよりもその人らしさが引き立つもの。光と影を活かしたメイクは、時間をかけて自分らしさの歴史を築いてきた、中身の詰まった大人がいちばん輝くメイクでもあるのです。

すべては光と影、これはメイクだけでなく、人生にも言えること。コンプレックスやネガティブな出来事を受け入れて立ち上がった経験は、何よりもその人に深みと味わいをもたらします。その陰影は、若さではとても追いつかない魅力の源となるのです。

Hiro's Magic

面と点、2つの光を使い分け 華やかさと立体感を演出

面で仕込む光 “ストロビング”

ハイライト下地を仕込んで、
肌にストロボを当てたような
艶と華やかさをもたらす技。
肌が主役のメイクに。

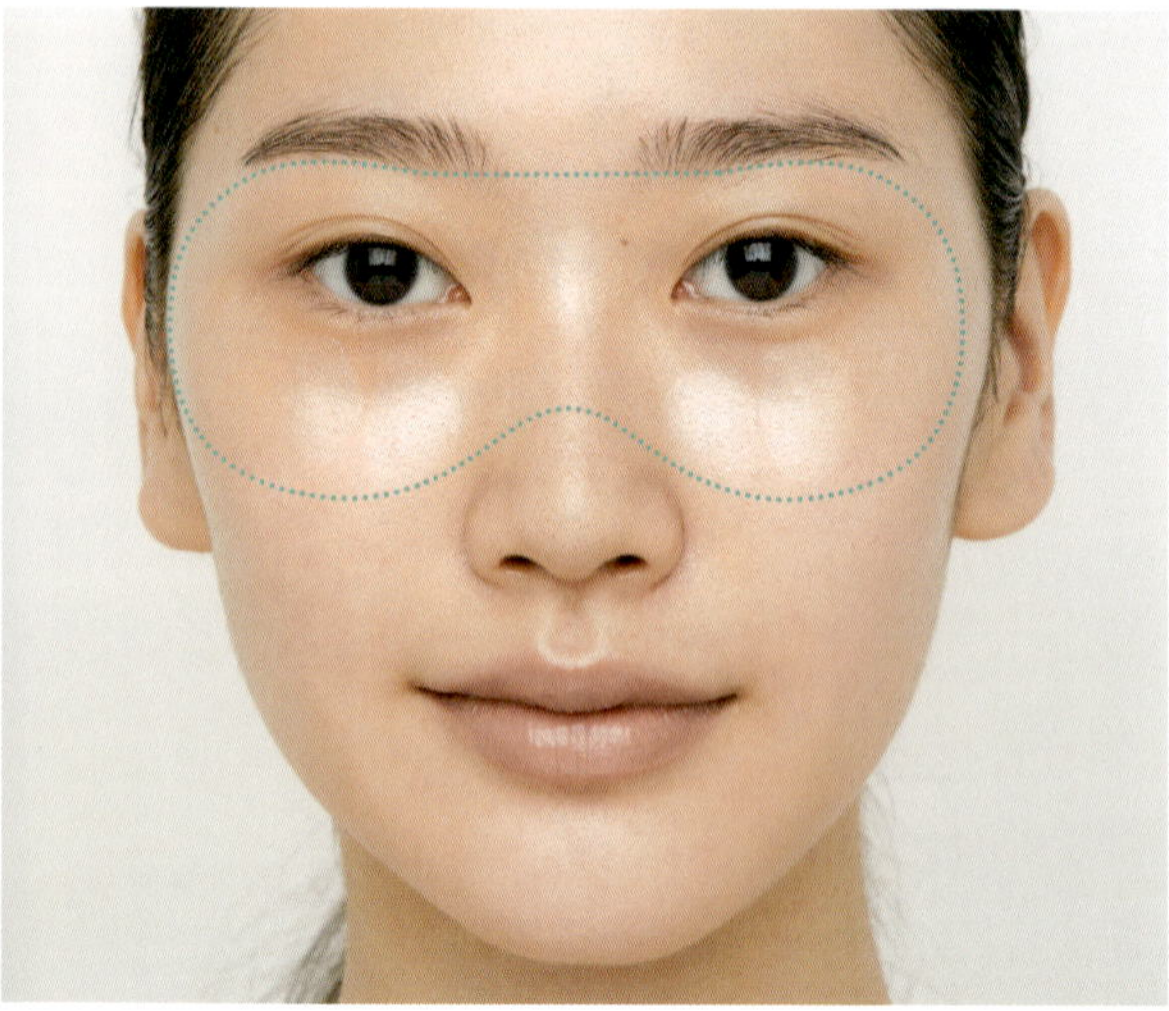

ゴーグルゾーンに ハイライト下地を仕込む

ファンデーションを塗る前に、肌なじみのいいパール入りのハイライト下地を仕込む。目の下の頬の高い位置3カ所ずつと鼻のつけ根にポイント置きし、目の周り全体のゴーグルゾーン“スキー用のゴーグルやサングラスをかける範囲”にぼかす。

TAKE IT!

繊細なきらめきで肌に艶やかさを演出。ラクチュール ブライトニング ベース SPF20・PA++ 30g ¥3500＋税／コスメデコルテ

点で際立てる光“ビーミング”

メイクの仕上げに、顔の中央の凹みポイントに、
ビームのように強い光を放つハイライトをのせ、
抜け感とメリハリを強調。

練りハイライトを鼻根と目頭にオン

メイクの仕上げに、練りハイライトを鼻のつけ根のくぼんだ部分と、目頭の下のくぼんだ部分にオン。指の腹やアイシャドウチップを使って、置くように“点”で塗るのがポイント。目元が前に出て、メリハリのある印象に。

TAKE IT!

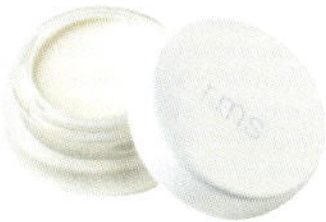

パールホワイトの練りハイライト。ココナッツオイルベースでしっとり。rms beauty ルミナイザー 5ml ¥4900＋税／アルファネット

Hiro's Magic

−1.5kgの小顔シェーディングで顔のムダ肉を削ぐ

年齢を重ねると、「太ったわけじゃないのに顔が大きくなった」ように感じたり、「ある日突然、ハイネックやタートルネックが似合わなくなった」という瞬間がやってきます。それは、顔がたるんで下垂し、広がって見えるせい。この問題をダイエットも美容医療もなしで解決するのが、小顔シェーディングです。顔周りや首元に大胆に影を入れることで、顔周りのモタつきをカバーして、シュッと引き締まったシャープな小顔に。撮影現場では、1.5kg痩せて見えると評判のテクニック。全身のバランスもアップし、どんな服もすっきりと似合うようになります。

シェーディングですっきり小顔

耳の下から首にかけてクルクルと影をつける

大きめのブラシにシェーディングを含ませ、耳の下からフェイスラインに沿って円を描くようになじませます。さらに、首元にもクルクル。大人のフェイスラインと首元は、くすめばくすむほど小顔に見える！と覚えて。

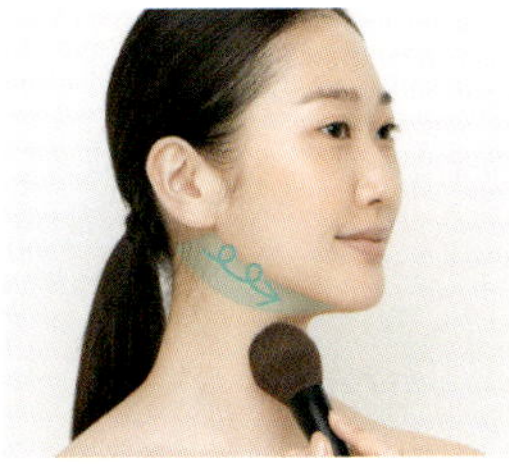

TAKE IT!

シルキーな感触でムラなくなじみ、自然な陰影をもたらす。インビジブル ブロンズ ミディアム ￥4000＋税／ベアミネラル

Hiro's Magic

潔く捨てるために、眉にはきちんと手をかける

ムダを削いでシンプルにミニマムに。潔さに重きを置く「捨てる美容」ですが、眉に関しては複数のアイテムを使い、きちんと手をかけて描くのがルール。なぜならば、**眉は顔の印象の9割を決定づける**、大切なパーツだから。手をかけて仕上げた自然な眉はメイク感を感じさせずに、その人を〝生まれつき美人〟に見せてくれるもの。眉が立体的ならば、顔のメリハリが引き立って、それだけで知的な〝彫り深小顔〟に見えるのです。眉を丁寧に仕上げているからこそ、他のパーツのメイクを抜くことができる。眉は「捨てる美容」メイクの要と言えるのです。

意外に思われるかもしれませんが、僕が眉をメイクするときのファーストステップは、ティッシュオフです。なぜならば、眉は皮脂が出やすい部分なので、ひと手間かけて余分な皮脂や肌に残ったスキンケアをきちんとオフしておくと、その後の描き心地もキープ力も段違いだから。さらに、フェイスパウダーをなじませて、スクリューブラシで入念にとかして下ごしらえ。仕込みの段階でここまでやってこそ、一日中美しい自然な仕上がりの眉の土台ができるのです。

そのうえで、のっぺりとした〝面眉〟や描きっぱなしの〝線眉〟にならないよう、パウダーアイブロウ、ペンシル、眉マスカラを駆使して、毛並みの整ったナチュラルな立体眉を完成させます。ことあるごとにスクリューブラシでとかしてぼかし込み、顔立ちになじむよう華麗にフェードアウトさせるのがポイントです。

余分なものをとことん削いで、本質的な美を輝かせる「捨てる美容」にあっても、知性や立体感を出すために眉だけは丁寧に。**美しい眉という軸があってこそ、他を潔く捨てることができる**のです。

Hiro's Magic

捨てるべきは、角《カド》！大人の眉はしなやかさが命

角のある印象の人は、眉にも角が立っているもの。初めましてと挨拶したときに眉に険《けん》があったら、一瞬で意地悪そうな印象を与えてしまいます。顔の第一印象を決定づけるだけでなく、顔相学の世界でも「運気を左右する」と言われる眉。眉を変えれば、他人に与える印象だけでなく運気すらも変わるのです。

大人の眉改革を考えたとき、**真っ先に捨ててほしいのが眉の角！** 大人の眉には、角も鋭角なカーブもいりません。力みや険しさの象徴である眉の角を捨て、余裕のあるしなやかな大人の女性を目指しましょう。

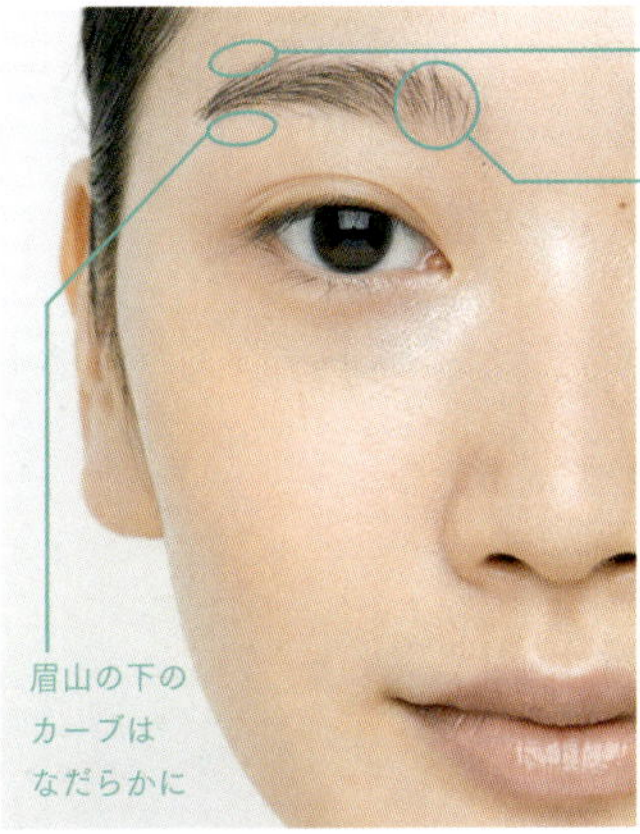
眉山の角は取って、
丸みを持たせる
眉頭は毛流れを活かして
上向きにとかす

眉周りの 3mm 地帯は うぶ毛を活かす

不自然な“線眉”から脱するには、眉周りのうぶ毛を程よく活かすことが大事。眉周り 3mm のうぶ毛の処理はやめましょう。

眉の角を取るためには、具体的にはどんなことをすればよいのでしょうか。まず、眉頭は、ブラシで下から上に向かって毛流れに沿ってとかし角張りをやわらげます。

角が立っている人が多い眉山は、無理に角度をつけず、自眉を活かすように意識。角張って描いてしまっているなら、後からぼかしてなだらかに整えて。眉山の下を剃って角度をつけているなら、今すぐやめましょう。眉周りのうぶ毛は、眉の〝描きました感〟をカモフラージュしてくれる名脇役。眉周り3㎜地帯のうぶ毛は、剃らずに活かして。

大人のナチュラル立体眉の作法

1 眉周りの油分をティッシュオフ

皮脂が出やすく、スキンケアの油分が残りやすい眉。メイクの前にティッシュオフして、余分な油分を抑えておくと、描きやすさと崩れにくさがアップ。

2 パウダーをのせスクリューブラシでとかす

プレストパウダーを眉にのせ、さらに皮脂をブロック。スクリューブラシで毛流れに逆らってとかして余分な粉を払い、毛流れに沿ってとかし、眉頭を立ち上げる。

TAKE IT!

粉っぽさや白浮きゼロで、皮脂を抑える繊細な透明パウダー。NARS ライトリフレクティングセッティングパウダー プレスト N ¥4700＋税／NARS JAPAN

3 アイブロウパウダーで眉全体のシルエットを決める

右側の2色を混ぜ、眉頭から眉尻に向かって、毛の隙間を埋めるように描く。眉頭にしっかり毛がある人は、眉頭1cmより内側はぼかすだけにとどめると自然。

TAKE IT!

立体感のある自然な眉が描きやすい5色パレット。ルナソル スタイリングアイゾーンコンパクト 01 ¥4200＋税／カネボウ化粧品

4 ペンシルでフレームを整え品格漂う眉に

極細のアイブロウペンシルで一本いっぽん毛を描き込むように、眉の上下のラインを整える。特に、眉下のラインは“品格”に直結するのできちんと描いて。

TAKE IT!

極細芯のペンシルとチップのWエンドでポーチの省スペース化にも貢献。SHISEIDO アイブロー スタイリング デュオ BR602 ¥3000＋税／資生堂インターナショナル

5 眉マスカラで毛流れ、ハリ、ツヤをメイク！

眉マスカラは、最初に毛流れに逆らってとかすように塗ってから、毛流れに沿って塗る。仕上げにスクリューブラシでとかしてダマをオフし、輪郭を軽くぼかす。

TAKE IT!

どんな毛質・眉色にも似合う眉マスカラは、何本もリピートする名作。カラーリングアイブロー Na ブラウン ¥1500＋税／エテュセ

完成 大人の小顔を引き立てる立体品格眉！

自然な毛流れと陰影のナチュラル立体眉が完成。凛とした知的な印象を引き立てつつ、主張し過ぎないバランスがポイント。

Hiro's Magic

顔の中に、色は2色まで。メイクの色を捨てる

普段メイクをするとき、顔の中に色は何色ありますか？（眉・マスカラ・アイラインなどに使うブラウンやブラックは含めません）。例えば、ブルーのアイシャドウに、オレンジのチーク、ピンクのリップを塗ったとします。この場合、よほどのセンスとテクニックがない限り、顔の印象がとっ散らかり、くどくなってしまうことでしょう。プロの僕でさえ、3色以上を使って、こなれた顔に仕上げるのはとても難しいのです。**メイクの色は引き算するほどあか抜ける。**だから、思い切って色を捨てる。「大人が顔に使っていいのは、2色まで」と覚えましょう。

たくさんのアイテムを使い、あれもこれも塗って手間ひまをかけたほうがキレイになれると思い込んでいる人はとても多いもの。しかし、その思い込みが大人の顔を重く、濃くしてしまっているのです。年齢を重ねメイク歴が長くなるほどに、メイクのプロセスやアイテムは増えてしまいがち。この辺りであれこれ欲張るのはやめ、一度スッキリ気持ちよく整理してみませんか？　ここで捨てるべきは、目元にはアイシャドウ、頬にはチーク、唇にはリップしか塗ってはいけないという固定観念。事実、**目元にもチークにもリップにも使える、マルチスティック**を使えば、驚くほど簡単に洗練された顔が手に入るのです。

ハイブリッドに使えるマルチスティックを一本だけ手に入れるなら、断然オススメなのがコーラル系。**オレンジとピンクのいいとこ取りをしたようなコーラルカラー**は、日本人の黄味がかった肌にしっくりと似合い、目・頬・唇のどこに使っても映える万能色なのです。どんなにメイクが苦手な人でも、たった1つのアイテムで即お洒落顔になれる唯一の方法。それは、コーラル系のマルチスティックで、顔全体をワントーンで仕上げること。次のページで、具体的な方法を紹介します。

大人の洗練ワントーンメイク

1アイテム1色だけでここまでキレイ

コーラル系のマルチスティックを使って仕上げたワントーンメイク。たった1色で、洗練顔に。

ヒロ流ワントーンメイクの極意

- 目元・頬・唇を1色で仕上げる
- 肌なじみのいいコーラル系を選ぶ
- “粉”より“練り”が艶っぽい

TAKE IT!

繊細なゴールドパールが輝くピーチカラーの名品マルチスティック。NARS ザ マルティプル 1517N オーガズム ￥4800＋税／NARS JAPAN

透明感のあるブライトオレンジ。アディクション チーク スティック アフリカンサンセット ￥2800＋税／アディクション ビューティ

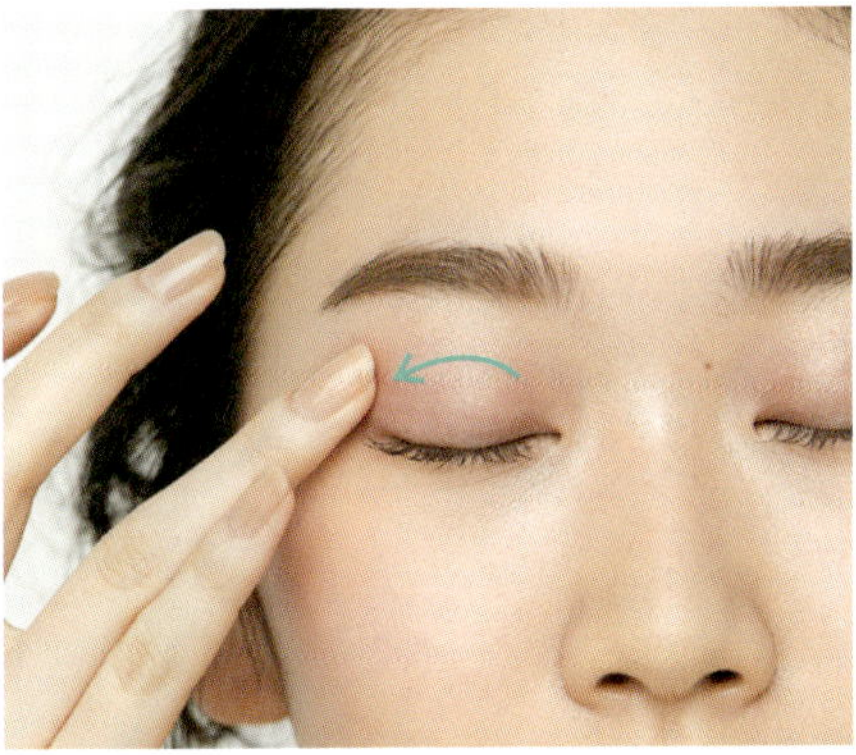

for Eye

アイ

透け感重視で薄〜くぼかす

くずれ防止に、まぶた全体にフェイスパウダーを仕込む。マルチスティックを薬指に取り、目頭から目尻に向かってスーッとぼかす。透け感重視で、ニュアンス程度に色づけばOK。

for Cheek

チーク

耳の手前から頬骨に沿ってぼかす

マルチスティックを耳の手前から、頬骨に沿ってスーッと線を描くように直塗り。薬指と中指の腹を使ってトントンとぼかし、血色感と立体感を演出。

for Lip

リップ

中央に塗り、口角に向かってぼかす

マルチスティックを唇の中央に直塗りする。薬指の腹を使って、口角に向かってスッスッとぼかして、ナチュラルなグラデーションリップに仕上げる。

Hiro's Magic

アイメイクパレットは全色使わなくてもいい

アイメイク全盛時代に青春を過ごした人は、4色入りのパレットがあったら、全部の色を使わなければならないと思い込んでいる場合が多いもの。締め色、ミディアムカラー、ハイライト。何色も重ねてグラデーションにして、はじめてアイメイクが完成するような気がしてしまっているのです。

しかし、今はアイシャドウの粉質も見違えるほど進化しています。**昔は4色を重ねて作っていたグラデーションも、今は1色で叶えられる**時代になっています。

だから、思い切って**3色捨てる勇気**を持ちましょう。例えば、いつものパレットのミディアムカラーを、アイホールよりちょっと広めにぼかすだけにとどめてみる。最初は勇気がいるかもしれませんが、1色だけで作ったほうが、意外なほど肩の力が抜けた雰囲気が出るし、時間も労力も4分の1で済みます。それに、大人のまぶたはくすみがちなぶん、陰影も出やすいので、1色で十分深みのある立体的な眼差しが手に入るはずです。

もし新しく買うなら、繊細なパール感の練りタイプのブラウンシャドウ※1をひとつ。乾燥したまぶたにもしっとり艶やかになじみ、テクニックなしで美しいグラデーションに仕上がるので、大人の定番にぴったりです。

何かに情熱を傾け、好奇心や感受性を満たし、人を愛することで得た瞳の輝きは、年齢を経ても失われることがありません。いちばん目立たせたいのは瞳の輝き。アイシャドウは、それに寄り添い、そっと引き立てるだけでいいのです。

※1
おすすめのアイシャドウはP.110で紹介

Hiro's Magic

カラコン、まつエク、フェイクな自分を捨てる

目につくものをなんでもあれこれ試して、情報もモノも溜め込んで、貪欲に吸収する。若いときはそれでもいいかもしれませんが、ある程度大人になったら少しずついらないものを捨てて、自分にとって本当に大切なものを見極めたいもの。そして、そんな段階に差しかかったら**真っ先に捨ててほしいのはフェイク**なもの！　なぜならば、ニセものに頼っているうちは、大人が目指すべき本質的な美しさからはどんどん遠ざかってしまうから。

特に、その人の魅力を伝える大切な目元には、フェイクなものを纏《まと》っ

てほしくない。だから、僕は大人の女性にはカラコンやまつ毛エクステはふさわしくないと思っています。瞳の輝きは、**大人になっても褪《あ》せることのない、その人の魅力を伝える大きな武器。**ちょっと目を大きく見せたり、色を変えるだけのためにカラコンで隠してしまっては、あまりにももったいない。

まつ毛エクステについてもそう。人工的なまつ毛が当たり前になってしまうと、本当の自分の素と向き合う機会が減ってしまいます。大人ならではの余裕を醸し出すには、日々ありのままの自分を受け入れることが必要です。そういう意味でも、素の自分に戻れなくなるまつ毛エクステよりも、オンとオフがはっきりしているつけまつ毛を僕はオススメしたいのです。

Hiro's Magic

くすみは色気の源。「くすみを消す」という発想を捨てる

「くすみ」と聞くと、条件反射のようにカバーすべきものと決めつけがち。しかし、**くすみは決してネガティブなものではなく、大人の女性にニュアンスと深み、色気をもたらす**もの。大人の女性にとって、くすみはチャンス。くすみがあってラッキーなのです。スキンケアの場面では、マッサージなどでケアするとしても、メイクの場面では「いかに消すか」ではなく、「いかに活かすか」という発想にシフトしましょう。

例えば、フェイスライン2㎝のくすみは、ファンデーションで隠さずに天然の小顔シェーディングとして活かします（P80参照）。

※1
アイホールの緑のくぼんだ部分にエマルジョンファンデーションをぼかして、カモフラージュしましょう。

そして、なんといっても、目元のくすみ！　アイホールのくすみは、まるで天然のアイシャドウのように、ヨレたり薄れたりすることなく、大人の目元に深みと奥行きをもたらしてくれるもの。特に、目のキワ2㎜のくすみは、消さずに活かすが吉。クマが気になるときも、下まぶた2㎜ゾーンを外して、エマルジョンファンデーションやひどいときはオレンジ系のコンシーラーでカバーしましょう。ただし、くぼみ目さんの場合は別。くすみとくぼみの影が重なると、途端に老けた印象に。まぶたのくぼみはさりげなくカモフラージュ[※1]しましょう。

くすみは活かし、クマだけ消す

1　エマルジョンファンデをクマの中央に3点置き

コンシーラー代わりになるエマルジョンファンデーションをブラシに取り、クマの中央に3点置きする。

2　薬指でなじませヨレないよう定着

目の下2mm（囲んだ部分）を避けて、ブラシで下に向かってぼかす。最後に薬指の腹でトントンとなじませて、フィックス。

Hiro's Magic

「自分の目はここまで」という限界を捨てる

プロのメイクアップアーティストのアイメイクと、一般の方のアイメイクのいちばんの違いはどこにあるでしょう？　その答えは、「目の大きさ」に対する捉え方。例えば、雑誌や本のメイク方法の説明を読むと、「アイシャドウはアイホール全体にのばしましょう」と書いてありますよね。そのままの意味に捉えて、自分のアイホールの範囲にきっちりとアイシャドウを塗るのが一般の方々。それに対して、プロのアーティストは、〝現実のアイホール〟よりも「ここまでをアイホールにしたい」という**〝理想のアイホール〟に沿ってアイシャドウを塗っている**のです。

アイメイクで捨てるべきなのは、目の大きさに対する思い込み。つまり、アイメイクをするとき、みなさんが**「私の目はここまで」と決めつけている境界線を捨てて**ほしいのです。アイホールの範囲＝目の縦幅は自分で決めましょう。また、目の横幅を決めるアイラインについても同じこと。「私の目尻はここまで」という位置から、+5㎜長く描くと、自然に目を大きく見せることができます。さらに、斜め45度にカールさせたまつ毛にマスカラを塗ることで、さりげなく「奥行き」の限界も突破することが可能になります。

目を大きく見せたいと思ったときに、アイシャドウだけ、アイラインだけ、まつ毛だけでなんとかしようとするのはわざとらしく見えてナンセンス。大人になったら、**アイシャドウで「縦幅」を、アイラインで「横幅」を、マスカラで「奥行き」**をじわじわとさりげなく拡大する、三位一体＆一生ものの３Ｄアイメイクを身につけて。自分の目の大きさはもともと決まっているのではなく、あなたが決めるのです。

縦幅×横幅×奥行き ヒロ流3Dアイメイク

TAKE IT!

シャドウとしてもライナーとしても使え、濃淡も自在。キャビアスティック アイカラー ローズゴールド ¥2500＋税／ローラ メルシエ ジャパン

一品で彫り深な目元を演出する、しっとり濡れツヤ質感のブラウンベージュ。アイグロウ ジェム BE385 ¥2700＋税／コスメデコルテ

縦幅拡大 アイシャドウ

本当のアイホールより広く塗るのが正解

アイシャドウを薬指に取り、目のキワから眉毛側に向かって、ワイパーのようにぼかす。アイホールの凹みよりやや広めにのばして、縦幅を拡大。

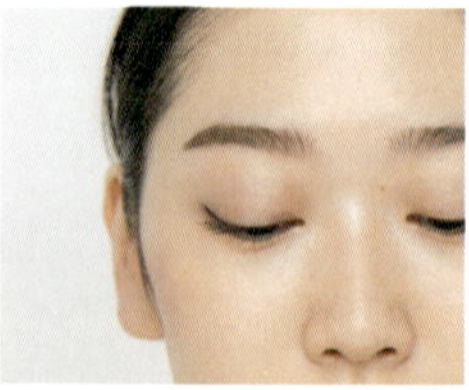

まぶたの自然なカーブに沿って、跳ね上げずに引くのが大人のベーシック。伏し目にしたときも自然で美しい。

横幅拡大 アイライン

目尻＋5mmならさりげない

極細のリキッドアイライナーで上まぶたのキワにラインを描く。目尻は実際の位置＋5mmの長さにするとさりげなく横幅を拡大できる。無理に跳ね上げないのもコツ。

TAKE IT!

ブレにくくにじみにくい極細ライン。メイベリン ハイパーシャープ ライナー R BK-1 ¥1200＋税／メイベリン ニューヨーク

お湯でオフできる漆黒ライナー。ケイト スーパーシャープライナーEX BK-1 ¥1100＋税（編集部調べ）／カネボウ化粧品

奥行き マスカラ

TAKE IT!

大人のマスカラ選びは、落ちにくさが最重要課題。嵐にさらされても、一日中美しく過ごせる一本なら間違いない！　ストーム プルーフ マスカラ 001 ￥1500＋税／リンメル

大人のまつ毛は上斜め 45 度が正解！

まつ毛が下がっていると、目に光が入らずに地味に見えがち。反対に、まつ毛が急角度で上がっていると、不自然な印象に。大人のまつ毛には、上斜め 45 度のカールで自然な立体感を演出。

完成

自然なのにパッチリ！ 3D アイメイク

目の縦幅・横幅・奥行きの潜在能力を余すところなく引き出しつつ、あくまでもさりげない。これが 3D アイメイクの威力。

Hiro's Magic

流行に振り回されない立体感チークで、横顔に品格を！

赤やピンクのいかにも「塗りました！」というチークは、もう卒業。大人になったら、年齢問わず、いつの時代もどんな顔型にも似合う、流行に振り回されない究極の定番チークをマスターしたいもの。そこで、僕がオススメするのが、血色と影色のいいとこ取りをしたようなニュアンスカラーを、耳の前から入れる品格メリハリチーク。骨格を引き立てることで、その人本来の顔立ちや個性を全面に。チークはあくまでも脇役。**目立たせるべきは、チークの色や形ではなく、あなたの魅力**なのです。大人のための立体チークをマスターすれば、横顔の品格が変わります。

究極の定番、品格立体顔チーク

チークをブラシに取り耳の前から塗る

ニュアンスカラーのチークをブラシに取り、余分な粉を払う。ブラシを耳の前に置いてスタンバイ。

頬骨に沿って平行に塗る

頬骨に沿って平行にすべらせるように塗る。自然な立体感を引き立て、横顔の品格がアップ！

TAKE IT!

溶け込むようになじみ、自然な血色と陰影を演出するナチュラルオレンジ。ルナソル カラーリングシアーチークス 07 ￥5000＋税／カネボウ化粧品

Hiro's Magic

品格は口角のキュッと上がった口元に宿る

大人の女性が絶対に捨ててほしくないもののひとつとして、「品格」があります。そして、品格は口元に宿ります。メイクで言うと、大事なのは口角のキワの部分。**口角がぼけているか、きちんと締まっているかで品の有無が決まります**。口角がスッと整って見えるためには、リップを塗るときにブラシやリップライナーを使うのが早道。さらに、左右の口角脇のライン1cmをエマルジョンファンデーションで明るくするだけで口角がキュッと引き締まって見え、上品な印象がアップするのです。

いくらパーフェクトにリップを塗った唇でも、その唇からどんな言葉

口角の脇のライン 1cm を補整して品格を保つ

エマルジョンファンデーション（普通のファンデーションや、コンシーラーでも OK）をつけたスポンジを折り曲げ、口角の脇のラインに沿って 1cm ほどなぞる。補整効果でキュッと引き上がった品格漂う口元に。

を発するかによって、その人の品格は左右されます。上品なトーンで話される美しい言葉、きちんとした語尾や笑い方は、どんなメイクよりも饒舌《じょうぜつ》にその人の品を語るのです。そして、年齢を重ねれば重ねるほど、口元にはその人がどんな言葉を発してきたかの生き様が刻まれます。口にしてきたのは、優しい言葉か、意地悪な言葉か。その人の心の持ちようが、深く刻まれるのです。だからこそ、どんなときもなるべく口角を上げる意識で、美しく優しい言葉を発するように心がけましょう。

Hiro's Magic

肌や目を引き立てるベージュリップに学ぶ引き算の美

年齢を重ねると、顔色がパッと明るく見える鮮やかなリップに頼りたくなる人は多いもの。でも、洗練された大人の女性を目指すなら、時に捨ててほしいのが「唇の色」。赤リップを効かせるのもいいけれど、リップの色よりもその人の個性が印象に残ったほうが、もっと素敵だと思いませんか？　20代からずっと同じメイクをしてきた人が、口元の色を抜くだけで一気にあか抜けるというケースも多く見てきました。だから、捨てるメイクをマスターした人には、色に頼らないヌードベージュのリップに挑戦してみてほしいのです。

スキンケアしただけのような素肌っぽいメイクの日も、スモーキーな目元を主役にしたモードメイクの日にも。**TPOを問わず流行にも左右されないヌードベージュ**の定番リップが選択肢にあるだけで、毎日のメイクの抜け感と洗練度が変わってきます。

その一方で「ベージュリップを塗ると顔色が悪く見える」という意見も。そこで、僕が長年愛用している「コンサバにもナチュラルにもモードにも似合い、時代に関係なくこなれる」鉄板のベージュリップを紹介したいと思います。一本目は、NARSのベルベットリップグライドの2710番。スキンケアの撮影のときは、ベースメイクを施したモデルの唇に、このベージュを塗るのが定番。素の唇のようなのに、どこか顔の陰影が前に出て彫り深な顔に見えるのが特長で、リップの発色をよくしたいときやもちをよくしたいときの下地としても優秀です。もうひとつ、発売当初からリピートしているのが、アディクションのリップスティック シアー エンドレスリー。こちらはより透け感のある仕上がりです。それでも血色が心配なときは、チークを足せば大丈夫。

TAKE IT!

素の唇がほんのり透けるシアーベージュ。アディクション リップスティック シアー エンドレスリー ¥2800＋税／アディクション ビューティ

スキンケアの撮影でも活躍、万人に似合う究極のヌードリップ。NARS ベルベットリップグライド 2710 ¥3300＋税／NARS JAPAN

Hiro's Magic

手肌の角質を捨て、ヌードなネイルを纏《まと》う

ハンドケアについても、「捨てる」という視点で見ると盲点が多いもの。ささくれ、ムダ毛を捨ててほしいのはもちろん、**意外と捨てられていないのが手の甲の角質**です。せっせとハンドクリームを塗っているのに手がカサカサしたり、顔のそばに手を持ってきたときに全然色が違って見えるのは、角質ケア不足のせい。手肌も顔と同じように日々角質を溜めている以上、同じように捨てるケアをする必要があるのです。手の角質ケアには、サンソリットのスキンピールバー（P51）がオススメ。僕は、全身をこの石けんで洗っています。

過剰なネイルアートは、時に手元の清潔感や品格を下げてしまうもの。大人になったら、デコラティブなネイルは卒業。もし、どうしてもストーンやパールをつけたいなら、フェイクではなく本物のダイヤや真珠をつけるぐらいの勇気を持ってほしいと思います。

日常的に洗練された美しい手元をキープしたいなら、**素肌の延長のようなヌードベージュのネイルが最強。**ネイルがハゲていると手元の清潔感が一気に損なわれるので、リタッチが簡単なものを見極めて。2度も3度も塗らないと色が出ないものではなく、一度塗りでしっかり発色するものを選ぶのもポイントです。さらに、ワンストロークでキレイに仕上がる筆が太めのタイプなら、忙しくてもひと塗りで洗練された手元をキープできます。

たくさんのネイルを試してきたけれど、ベージュのカラーバリエーション、ワンストロークでムラなく塗れるテクスチャーと太めの刷毛、速乾性で優れているのが、ネイルズ インクのもの。忙しくても簡単に品格のある手元を手に入れたいなら、是非チェックして。

TAKE IT!

（左から）ネイルズ インク スーパーフード ブースター ネイルポリッシュ キングウィリアム ウォーク　14㎖ ¥2600 ＋税
同ネイルメイクアップ ハーレーガーデンズ 14ml ¥2800 ＋税 /TAT inc

Hiro's Magic

3種の神ツールで メイクのムダを捨てる

以前、メイクアップアーティストが3人集まって対談したときに、「これがなければ撮影が始まらないアイテムを教えて」という質問がありました。全員一致したその答えは、ズバリ綿棒！　まつ毛の毛先やアイラインの目尻や目のキワ、口角……そういう細部を美しく仕上げるのには、綿棒が不可欠なのです。撮影では、乳液やバームをつけた綿棒でメイクを修正したり、細かい部分をぼかしたり、アイラインの先端を整えたりと何本も使います。僕が愛用しているのは、しなりやすい紙の軸タイプ。定番はジョンソン・エンド・ジョンソンのものですが、最近は100円シ

TAKE IT!

しっかりした紙軸でしなるので、どんなときにも活躍。ジョンソン 綿棒 200本入り ¥379＋税（編集部調べ）／ジョンソン・エンド・ジョンソン

密集した肌当たりよい毛で、しっかりとかせる。アディクション アイブロウブラシ スクリュー ¥1400＋税／アディクション ビューティ

ヨップやドン・キホーテでも良質なものが手に入ります。

そして、特別なテクニックなしで、細部を美しく整えるために欠かせないのが、スクリューブラシです。眉毛をとかしたりぼかしたりという一般的な使い方はもちろん、マスカラのダマをとかして繊細な毛先に整えたり、顔周りのうぶ毛をとかしたり。あらゆる毛流れや毛の先端を美しく仕上げるのに活躍します。

もうひとつ、一本持っておくと便利なのが、ベース作りにはもちろんポイントメイクにも活用できるナイロン毛のコンシーラーブラシ。エマルジョンファンデーションをコンシーラー代わりになじませるときに使うと、狙った場所をピンポイントで自然にカバーできます。さらに、クリームシャドウを塗るときに、指でぼかすよりも数倍美しく繊細に仕上げることが可能になります。

大人のキレイには清潔感が必須。そして、清潔感は先端や細部に宿るもの。**綿棒、スクリューブラシ、そしてコンシーラーブラシ。この3種の神ツールがあることで、仕上がりの清潔感が格段にレベルアップ**します。

適度なコシで、エマルジョンファンデーションをコンシーラー使いするときに活躍。#195 コンシーラー ブラシ ¥3700＋税／M・A・C

Hiro's Magic

朝から100%の顔を目指さなくてもいい

毎日、ついついメイクが濃くなってしまうという人に質問です。朝、家を出る瞬間から100%のメイクをしていませんか？

朝から全力でフル装備のメイクをすると、昼にお直しして、夕方にお直ししてとやっているうちに、どんどん層が厚く息苦しい顔になってしまっているもの。メイクが崩れると悩んでいるなら、最初から崩れるほど厚いメイクをしなければいい。一日のうちで、少しずつメイク濃度を上げて、夕方の段階でフルメイクになるぐらいがちょうどいい、というのが僕の考えです。

一日のメイクの力加減を時系列で示すなら、**朝60%、ランチ後に80%、アフターファイブで100%**がルールです。

スキンケア仕立ての肌を活かしたナチュラルなベースメイクと、顔の印象を決める眉。そして、マルチカラースティックで目元とチーク、リップを軽く彩ったら、朝の爽やかな光に似合うフレッシュなメイクの完成です。オフィスレディなら、さらにまぶたのキワにインサイドラインを引いて、マスカラを塗れば十分。

昼のメイク直しでは、チークを足して少し骨格を引き立てたり、目元に色をのせて、アイラインを引いて目を強くしましょう。

アフターファイブのお出かけ前は、エマルジョンファンデーションをコンシーラー代わりにして、時間が経つにつれ、目立ってきたクマやくすみをカバー。ビーミングやシェーディングで、夜の光に似合うメリハリを演出しましょう。大人の女性がラメやホログラムのメイクを楽しみたいなら、このタイミングで重ねるのがいちばんキレイ。朝60%、昼80%、夕100%。**時系列でメイクを濃くしたほうが崩れにくいうえに、結果的にＴＰＯにもマッチ**するのです。

Hiro's Magic

メイク直しには小さなマルチバームがあればいい

ポーチの中身を減らし、シンプル&ミニマムにするためには、マルチアイテムを活用するのが早道。ポーチの省スペース化に貢献するアイテムとして、ひとつあると便利なのが、**メイク直ししながら保湿もできるミニサイズのマルチバーム**です。ポイントメイクを直したいときはバームを綿棒に取ってクルクルと汚れをオフ、ベースメイクを直したいときはコットンに取って気になる部分を軽くぬぐいます。そのままトントンとなじませれば保湿も万端。表面でベタベタせず、しっかりなじむタイプを選べば上からメイクを重ねてもよれません。

TAKE IT!

しっかり潤うのにベタつかない。携帯に便利な潤いリタッチバーム。MiMC エッセンスハーブバームクリーム 8g ¥3800＋税／MIMC

フルールドファティマ モロッカンバーム 45g ¥2200＋税（コスメキッチン限定）／ファティマ

ある日、撮影で下地クリームを切らしてしまい、お直し用に持っていたマルチバームを使ったところ、素晴らしくキレイなツヤ肌に仕上がったことがありました。指すべりがいいので小顔マッサージにも使えるし、終わったらティッシュオフすればそのままメイクもできます。メイクの上から少しツヤをプラスしたいときにはハイライト代わりに。リップバームやハンドバームとしても使えるので、今や僕のメイクボックスの必需品です。

Hiro's Magic

ポーチはあなたを映す鏡
中身は少なければ少ないほどいい

ポーチを見れば、その人がわかる。ポーチの中がごちゃごちゃしている人は、部屋も散らかっているし、心も整理できていないことが多いもの。反対に、キレイな人のポーチは中身がミニマムで、それぞれのアイテムもキレイに使われていることがほとんどです。「ポーチと心はつながっている」、たくさんの女性のポーチの中身を見せてもらううちに、いつしかそう思うようになりました。大人のポーチはミニマムでシンプルなほうがいい。**毎日使うポーチの中のムダなものを捨てれば、心もスッキリ整頓され、運気もアップする。**僕はそう考えています。

増える一方のポーチの中身を減らすには、どんなことから始めればいいのでしょうか？　まず、ひとつルール化してほしいのは、**何かひとつ入れたら、何かひとつ抜く**ということ。そして、粉まみれのパレットや古びたアイライナーなど、見ていてアガらないものや、使いにくいものは捨てるか、新しいものに買い替えましょう。今すぐに使うものではないけれど心配だからなんとなく入れているストック、似たようなものや役割がかぶっていて代用できるものも思い切って外に出しましょう。

また、化粧品の**消費期限の基準は、練りものは2年、粉ものは3年以内**。古くて酸化したり、フレーキング（化粧品の表面がうろこのように固まること）を起こしている製品は、肌に負担を与える可能性もあります。潔く、サヨナラを。

ポーチに入っているひとつひとつのものを手に取り、自分にとって本当に大事かどうかを見極める作業は、自分の心を見つめ直すようなもの。ポーチのムダなものを捨てて、顔も心もシンプル化しましょう。

Instagram @hiro.odagiri

日々感じたことを
インスタグラムから紹介します。

壁を乗り越える度に見えてくるものがある。

全ての壁には意味があり、時に試練、時にチャンスとも言える。

壁の数ほどに成長し、壁のサイズも大きくなる。

生きるってそういう事。

まだまだこれから当たらなくてはならない壁がある。

壁のない人生なんて退屈。

だからまた当たって砕けに行く。

その先にあるものを見たいから。

当たって砕けた分の美徳も手に入れたいの。

見えないその先に新たな楽しみが待っている。

帰り道
桜が咲く頃
華と光と影
1ポイント感動、獲得。
明日は今日より綺麗になっているはず。

#timelessbeauty
永遠の美なんて無いけど永遠の美を願う事はできる。

この心地良い瞬間がいつまでも続いて欲しい時、この状態がベストで永遠であって欲しい時、あるよね。

感じる事が大切。

そんな事を日々敏感に感度豊かに生きている人って、年齢なんて感じさせないエイジレスにビューティ。

年齢なんて、ただのナンバー。

感受性を鈍らせたら、老い。
70、80歳になっても恋してる人って、凄く魅力的でセンシュアル。
そんな人が、世には存在している。

ストレスに負けないで。

負けている時間がもったいない。

人生、そう長くは無い。

Column

恋すると綺麗になるの知ってる？

恋の仕方忘れました的な人いるけど、恋って人間相手じゃなくてもトキメクものがあればそれは恋に似てる。

それが動物でも趣味でも仕事でもいい。

人生にトキメキの数が多い人ほど美しくなれるの。

動物に恋してたって自然と優しい雰囲気になれるよね。

「一人暮らしで動物飼ったら終わりだよ」なんて言う人が終わってる事、多々あり。

恋に効くメイクがあるのは知ってる？

色や質感次第でいかようにも異性の心にスイッチを入れる事ができる。

いい香りがしそうな雰囲気とか、思わず触ってみたくなる様な肌、湿度のある粘膜と唇って、センシュアル。

それってヘアーやメイクで簡単に作れるの。

後は中身が伴えば恋は叶うはず。

まずは恋をしよう。

綺麗になる事が楽しくなるはずだから。

自分の生まれた姿を一番に愛する事のできる人が、綺麗になれる人。

憧れはいいけど嫉妬は人を醜くする。

ありのままの自分を受け入れて。

造形はヘアーやメイクでどうにでも変化させられる事を知って。

嫉妬したり僻む人は何をやっても美しくなれない。

誰からも認めてもらえないなら、自分が自分を認めてあげればいい。

世界で一番自分を愛してくれるのは自分自身。

それでも自分を好きになれずネガティヴになってしまうなら空を見上げるだけでもいいと思う。

「なぜ空を？」

綺麗な空には無数のポジティブが続いているから。

それを感じる事ができたら１ポイント綺麗を獲得。

下を向いていたら何も始まらない。

辛い事が９割、幸せな事が１割。

１割あるだけでも幸せよ。

仕事も、恋も、結婚も、遊びも、同じ情熱って大切。

熱量が違うだけでアンバランスになって何事も上手くいかない。

寄り添う相手の着火剤は自分自身。

いつでも相手の情熱に寄り添えるように心をクリアにしておかないと。

火薬（ストレス）を溜め込んでいるといつか爆発する。

全てはデトックスが大切。

老廃物も物も心も人も。

綺麗さっぱりしたら瞳がキラキラ輝くはず。

Chapter. 3

ライフスタイル

Lifestyle

捨てることで
生まれた余白に
幸せが舞い込む

新しい出会いも幸運も
捨てることで入ってくる。
いらないものを溜め込んだ
暮らしを見直せば、
すべてが上手く回り始める。

Hiro's Tips

大人の女性が捨てるべき5つの心の癖

大人になるほど、心のありようがあからさまに見た目にも出るようになってきます。どんなに肌が美しくても、どんなにメイクが上手くても、妬みや媚びなどのダークな感情にまみれている人はどうしても素敵に見えないもの。表情、佇まい、言動や立ち居振る舞い。その人を色濃く取り囲む空気感を見れば、その人が何を感じ、何を考え、どう生きてきた人なのかが一目瞭然に伝わります。だから、最後の仕上げに捨ててほしいのは、日々を過ごすうちに溜まっていく、心の中のいらないもの。まずは、大人をくすませる「心の癖」を捨てることから始めましょう。

【嫉妬】人と自分を比べて、焦ったり嫉妬したり、ブラックな感情が湧いてきてしまうなら、その人の情報が目に入らないような環境を作りましょう。できるだけ距離を置いて、情報を遮断する。深呼吸したら、「人は人。自分は自分」と言い聞かせて。隣の芝生は青く見えるけれど、本当に青いかどうかは当人にしかわからないもの。特に今の時代、SNSで発信されている〝隣の芝生〟はほぼフェイクと心得よ。

【貪欲】美も！ 若さも！ 愛も！ 富も！ なんでも欲しがるギラギラとした貪欲さが透けて見える必死な人は、素敵に見えないもの。大人になったら、身の丈を知り、自分にとって本当に必要なものは何かを見極め、整理して潔く捨てられている人のほうが断然輝いて見えます。欲しがりやさんな自分を捨て、いいさじ加減の余裕のある大人を目指して。

【人まね】人と同じだったり、横並びじゃないと安心できないうちは、大人のキレイのスタート地点には立てません。年齢を重ねたら、そろそろ自分のスタイルや軸を築くステージへアップデートしましょう。パクり合いをしているうちは、その人のパーソナリティーは育ちません。人まねを捨て、自分らしさとは何かを探す旅に出ましょう。

【過剰な個性】 僕自身、かつては街を歩いたら振り返られるような個性が欲しかった。誰ともカブらない奇抜なスタイルで、「僕はここにいるよ！」と自分の存在をアピールすることに必死でした。けれども、仕事を通してたくさんの本物のプロ達に出会い、自信がある人ほど見た目はナチュラルでシンプルだという事実に気がついたのです。個性は内から静かににじみ出させてこそ説得力を持つ。そう覚えてください。

【依存心】 人や物にすがることと、誰かや何かのせいにすることは、表裏一体。何かに依存する心は、自力で解決しようと試みる経験や客観性を奪い、成長や円熟の機会から遠ざけてしまいます。大人ならではの魅力を育てたいなら、依存心からは早く卒業しましょう。

Hiro's Tips

情報を遮断して心のデトックスをする

メディアが普及し、情報が溢れている現代社会。テレビから流れてくる悪意にまみれたゴシップ、悲惨な事件を伝えるニュースサイトやＳＮＳ……。常に情報にさらされていると、人の心は疲れて自分を見失ってしまいます。**ダークな感情が湧き、毒が回ってくるのは、心が疲れている証拠。**濁った水を溜め続ければ、いつか溢れるのは時間の問題です。だからこそ、**意識的に情報を遮断し、何も考えない無の時間を作る習慣**をつけて、心を休ませてリセットしましょう。特に夜眠る前は、テレビもパソコンも携帯もスイッチをオフ。〝デジタルデトックス〟を意識して静かに自分と向き合うひとときに。

何も考えない無の時間を持つというのは、いざやってみると最初は難しいものです。僕は、イスに座って目を閉じて5分間瞑想したりします。ただ座っているのが落ち着かないなら、外に出て月光浴をしたり、緑の中を散歩するのもオススメです。毎日忙しいなかでも心を浄化してリセットしたいなら、有名なパワースポットに行くよりも、自宅をパワースポット化することを心がけましょう。照明を落とし、クリスタルボウルのBGMをかけて、好きなアロマオイルを焚きながら、ぼーっとする。そんなひとときが、疲れた心や頭をリラックス&リセットさせ、明日への活力をチャージしてくれます。

もうひとつ、**心のデトックスに効くのが、泣くこと**。涙を流すという行為は最高のデトックスになります。泣ける映画を観たり、本を読んだり。辛いとき、悲しいときは、一人で月を見ながら泣くことも。心にも捨てるケアが必要なのです。

Hiro's Tips

一日の肌ダメージを捨てる。上質な睡眠に勝る美容はない

肌は眠っている間に修復されます。どんなにスキンケアを頑張っていても、睡眠不足のままでは、肌のダメージは修復されないまま積もり積もっていくばかり。だから、僕はどんなに忙しくても一日に6時間寝るように心がけています。しかし、せっかく6時間の睡眠時間を確保しても、眠りの質がよくなければ疲労も肌ダメージも回復できません。前のページでお話しした、眠る前にテレビやパソコンや携帯を見ない〝デジタルデトックス〟はもちろんのこと、睡眠環境を整えることも大切。上質な睡眠を得るためには、それなりの心がけや儀式が必要です。

まず、**眠る前には、五感を鎮静すること**。香り（嗅覚）や音楽（聴覚）もそうですが、視覚は最も大切です。強烈な白い光を浴びるムービーの撮影の後は、太陽を浴びたように体内時計が狂い、上手く眠れないこともあるほど。古来から太陽のリズムとともに暮らしてきた人間にとって、光は睡眠のリズムを左右する重要なものなのです。だから、僕は仕事でどうにもならない場合以外は、夜7時以降は、なるべく白熱灯の黄色い光しか浴びないように気をつけています。携帯やパソコンのブルーライトにも、蛍光灯が煌々《こうこう》としたコンビニにも近づきません。

人間は自律神経に支配されています。朝は明るく、夜は暗いというリズムが乱れると、自律神経が狂い、メラトニン※1とセロトニンという体内のリズムを司るホルモンのバランスが乱れがちに。すると、肌も心も身体も不調になってしまいます。上質な睡眠は、メイクやスキンケア以前の、根本的なキレイを育む近道。自然のリズムに抗うことをやめ、地球のリズムに従って生活しましょう。

※1
メラトニンは睡眠を司るホルモン。夜にかけて分泌され、自然な眠りに導く。セロトニンはメラトニンの生成に関わる神経伝達物質で、自律神経のバランスを整える。

Hiro's Tips

水と油にはこだわって。ベーシックこそ上質を選ぶ

原料にとことんこだわる化粧品会社の、ある社長さんの話です。もともとキレイな方だったのですが、あるときを境に突然見違えるような美肌ぶりに変わったのです。理由を訊ねると、水と空気がキレイな場所に移り住んだからだと言います。誰にでも真似できることではないし、極端な例ですが、水と空気がキレイというのは究極だなと感じました。僕達が今住んでいる場所を離れずに、根本からキレイになるためには、どうすればいいのでしょう。答えは簡単。身体に取り入れるベーシックなものこそ上質さにこだわって選ぶことです。

肌に潤いを与えるために上質な水と油が必要なのは、何もスキンケアに限ったことではありません。質のいい水や油は、内側からも潤いを行き渡らせてくれるのです。僕のモットーは、**「毎日、口にするベーシックこそ上質なものを」**。水はデトックス作用のある「シリカ」を含んだ強アルカリ性で、飲みやすい超軟水の観音温泉水が定番。オイルは用途によって、ちょっといいオリーブオイルや、余分な脂肪をエネルギーに代えるMCTオイル、抗菌、抗ウイルス作用が高く「死以外のすべてを癒す」と言われているブラッククミンシードオイルなどを取り寄せています。他にも、毎日使う調味料や、日本人にとっておなじみのタンパク源である卵や鮭などは、生産地から通販するなどして厳選しています。

また、ジャンクなもの、作ってから時間が経った食べ物や、淹れてから時間が経ったお茶やコーヒーなどの酸化した飲食物は極力避けるように意識。当たり前過ぎて退屈に感じるかもしれませんが、肌がキレイなモデルや女優さんはみんな自然とやっていること。塗るものだけでなく、内からキレイを育む食にも、こだわってみてください。

Hiro's Tips

ボディの角質を捨てる。特に、足裏とお尻は念入りに

　ときには裸のまま鏡の前に立ち、全身のフォルムをチェック。そのとき、肌質や肌色にも目を向けてみましょう。他のパーツに比べて、腕の内側や腿の内側は、まるで赤ちゃんのように透明感があって、すべすべしていませんか？　**目標は、この質感、この色。ボディの角質をきちんと捨てれば、この状態にまで戻せるはずなのです**。

　そこで取り入れてほしいのが、**豚毛ブラシとシルク成分配合のタオルを使ったWの磨き上げケア**。豚毛ブラシ[※1]に石けんをつけ、濡れたボディをくまなく洗った後、シルクタオルでクルクルクルと磨き上げます。シルク

※1
バスタイムに使う製品はP.148～9で紹介。

タオルから、絹に含まれるセリシンという天然の保湿成分がしみ出すことで、ずっと触れていたくなるようなすべすべのボディが手に入ります。ちなみに顔と同じで、ボディの保湿もオイル派。ボディクリームは、肌を艶やかに見せる仕上げとして、メイク感覚で使うにとどめています。

さらに、全身のなかでも、**顔並みの丁寧なケアをしてほしいのが、足裏とお尻**です。全身のツボが集中し、「運気の入り口」と言われる足裏は、毎日全身を支え地面を踏みしめていることで硬くなりがち。僕は、足裏に感謝する気持ちで、日々磨き上げています。一方のお尻は、「下半身&後ろ姿の顔」とも言えるパーツ。現代人は座っていることが多いのでお尻に角質が溜まりやすく、モデルでさえザラついているものです。毎日のW磨きケアを徹底して、それでもザラついてしまうときは、ボディ用の角質ケア美容液を取り入れましょう。

スキンケアのページ（P45）でもお伝えしたように、顔と身体の角質状況はつながっています。ボディの角質が溜まりっぱなしでは、顔の素肌もキレイにはなれない。ボディにも、捨てるケアが必要なのです。

Hiro's Tips

お風呂は最高のデトックス空間 バスタイムに一日の澱《よど》みを捨てる

お風呂は、一日の間に溜まった汚れや邪気を落とし、身も心も清める最高のデトックス空間。湯気に蒸されることで毛穴が開き、温かいお湯の中で汗をかくことで、洗うだけでは落としきれない内側の毒素も排出することができます。人類の起源を遡《さかのぼ》ると海に行き着き、赤ちゃんも始めはお母さんの羊水の中で育ちます。そのせいか、水に入ると人の気持ちは落ち着き、浄化されるもの。だから、**一日一度は水に還《かえ》る**。忙しくてもなるべくシャワーで済まさず、湯船に入ってほしいのです。心のモヤモヤも、全身のいらないものも、すべて水に流してしまいましょう。

さて、一日の澱みを捨てる入浴法ですが、お湯の中には必ず**お浄《きよ》めの意味も込めて、バスソルトや岩塩などの〝塩もの〟を入れます**。リラックス感を高めたいときは、ラベンダー、ゼラニウム、サンダルウッドなどの精油をブレンドしたオイルを混ぜるのもオススメ。さらに、週に1回は重曹を混ぜて、全身の大掃除。重曹を入れたお湯に入ると角質や毛穴の汚れが浮き出し、アルカリ泉に入った後のようなつるつるすべすべの肌が手に入ります。

もうひとつ取り入れてほしいのが、ちょっと熱めのお湯に入り、美肌と健康を育むHSP（ヒートショックプロテイン）入浴法です。適度な熱ストレスを与えることで、細胞内のHSPを活性化し自己回復力を高めることができるのです。42℃のお湯なら10分、40℃のお湯なら15分間入ることで、細胞レベルで修復力を高めることができます。

※1
愛用の製品はP.148～149で紹介。

Hiro's Tips

腸内環境を整えると肌も心もクリアになる

腸は第二の脳とも言われる臓器。**腸内環境を整えると、免疫力がアップし心の中もクリアになる**と言われています。僕が「腸と心はつながっている！」と実感したのは、常に美肌をキープしている年上の知人に触発され、「腸内洗浄」を試したときのこと。雑念が消えて頭の中が空っぽになり、晴れ晴れとした気持ちになったのを覚えています。「某国の情報機関では、凶悪犯を取り調べる前に腸内洗浄をして落ち着かせる」という噂を聞いたことがあるのですが、もしかしたらあり得る？と感じたほど斬新な体験でした。僕が、腸活に目覚めたのはそれがきっかけです。

便秘とは無縁でも、腸壁に汚れがこびりついて有害物質が溜まっているという人は多いもの。肌荒れやニキビはもちろん、イライラ、不安、落ち込みやすさなどは、腸内環境が悪いせいかもしれません。

いきなり腸内洗浄となるとハードルが高いと思うので、サプリメント[※1]を賢く取り入れた腸活・菌活を取り入れて。身体に合った乳酸菌サプリメントや、乳酸菌の餌となるオリゴ糖を積極的に取り入れることで健やかな腸内環境を育みましょう。

腸の硬さは、肌の硬さと心の硬さ。どんなに上質な食事を取っても、きちんと出すという行為ができてなければ、キレイにはなれません。

※1
愛用のサプリメントは
P.149で紹介。

Hiro's Tips

新しい自分に出会うために。失敗を恐れる心を捨てる

新しい環境、新しい服、そして新しいメイクアップ。大人になるほど、失敗が怖くなり、新しいチャレンジや冒険に尻込みしたくなるものです。長年「与える美容」に慣れ親しんできた人にとっては、この本でお伝えしてきた「捨てる美容」に挑戦することも、勇気がいることかもしれません。けれども、**挑戦や変化なくしては、新しい自分には出会えないし、時代に合わせたアップデートも不可能**です。何歳になっても、失敗は経験となって、あなたの目を肥やし、判断力や見極める目、対応力を磨いてくれるもの。失敗がない人は、経験値を積むチャンスを逃しているの

と同じこと。小さな失敗を重ねたほうが、大きな失敗を避けることができるのです。

ことメイクに関して言えば、夜クレンジングの前に試しさえすれば、失敗を恐れずに済むはず。もし、上手くいかなかったら落とせばいいだけ。1回塗って上手くいかなかったら、塗る位置や塗り方を変えて、3回はチャレンジしてみましょう。今の化粧品は進化しているので、工夫すればきっと似合う方法が見つかり、自分のものにできるはずです。

失敗を恐れて守りに入るよりも、小さな失敗を糧にしてステップアップしている人のほうが断然美しい。新しい自分に出会うために、失敗を恐れる心を捨てましょう。

Hiro's
Selection

捨てる暮らしの必需品

タカミの
スキンピールボディ

「潤いチャージと同時に
角質ケアができる一品」

角質のケアをしながら潤いを与える、ボディ用のオールインワンゲル。のびがよくみずみずしい使い心地で、くすみ・ザラつき・黒ずみをケアし、つるつるの肌触りに。モデルの愛用者も多い逸品。220g ¥7778 +税／タカミ

THREEの
オリジナル
ボディブラシ

「すみずみまで角質や
汚れをオフして磨き上げる」

上質な天然毛で作られたボディブラシ。柔からかな肌当たりで、ブラシ洗いビギナーや肌が薄い人にも使いやすい。大正3年創業のかなや刷子特製の伝統技術が息づく品。¥4000 +税／ THREE

dear mayukoの
ボディタオル

「ボディケアには絶対にシルク！
肌に触れたときの心地よさが違う」

シルクのボディタオルで、肌に磨きをかけるのが習慣。オーガニックコットンにシルク由来の保湿成分セリシン加工をほどこしたdear mayuko のタオルは、フワフワの感触もお気に入り。¥1200 +税／ dear mayuko

ヴェレダの
ラベンダーオイル

「お風呂上がりは
ラベンダーの香りでリラックス」

清々しいラベンダーの香りでリラックス。湯上がりの濡れたボディに直接なじませて、マッサージ。一番搾りのアーモンドオイルと栄養豊富なセサミオイルで艶やかなボディに。100ml ¥2600 +税／ヴェレダ・ジャパン

オリオセタのオイルトリートメント

「重さとは無縁のヘアオイルでしなやかな毛先に」

ベタつきや重さを感じさせることなく、潤いのベールでしっとりと包むヘアオイルで、毛先10cmのパサつきを捨てる。オーガニックのアルガンオイルと亜麻仁油をベストミックスし、シルクのような髪に導く。30ml ￥1500＋税／プロジエ

東京西川のAiR SIマットレス

「睡眠環境の大切さがわかる！これに変えてから驚くほど疲れない体に」

美容に無頓着な知人が急にキレイになった秘密を問いただし、出会ったマットレス。点で身体を支えることで、身体が凝りにくくなり、睡眠の質もアップ。朝、一生懸命に顔や身体をほぐさなくて済むようになり、快適！
ダブルサイズ ￥116000＋税／東京西川

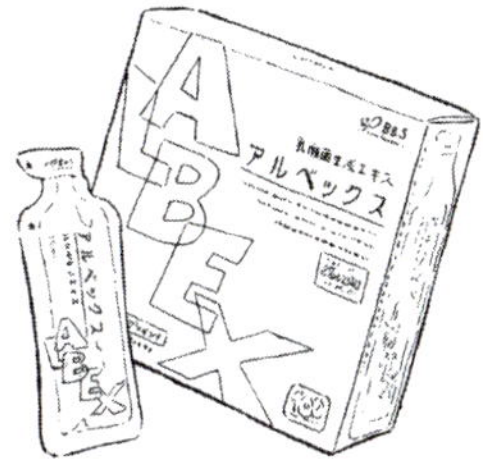

アルベックスの腸内サプリ

「肌も体もぜんぶ“腸”から！自分の乳酸菌を増やす僕の定番」

お腹の中で自分の乳酸菌を増やすのをサポート。医療機関で買える、16種類の乳酸菌を豆乳の中で一年間発酵・熟成した、リキッドタイプの乳酸菌サプリメント。アルベックスR 10ml×30本 ￥8000＋税／ビーアンドエス・コーポレーション

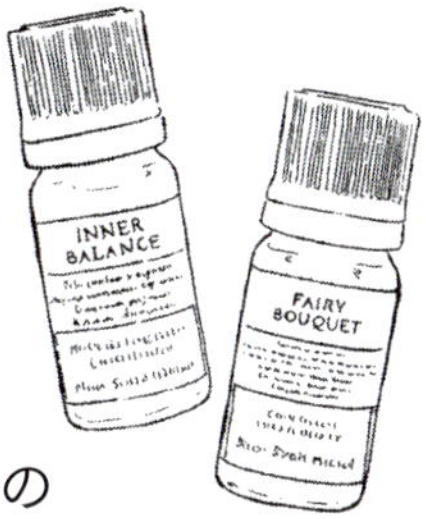

モンサンミッシェルのブレンド精油

「リラックスモードに切り替えるスイッチ的なオイル」

ゼラニウムやマジョラムが、身体を温めて肩コリやむくみをケア。インナーバランス 5ml ￥3000、エイジングケアに優れたローズやネロリ、自律神経を整えるラベンダーなど4種を配合。フェアリーブーケ 5ml ￥3500＋税／ともにサンリツ

Hiro's Tips

捨てる門には幸来たる

もっと！「捨てるもの」リスト

本気じゃない恋

寂しさや不安から、
本気じゃない恋の相手をキープしているうちは、
本当の愛とは出会えません。
あわよくばの関係や未練がましい復縁狙いも、
運や品位を下げるので思い切って清算を。
その余力を自分磨きに活かせば、
瞳に聡明さが宿ります。

うわさ話

うわさ話や陰口は、
泥水のようなもの。
ゴシップ好きな女に
本物のツヤは宿りません。
華麗にスルーして。

いやなことがあった日の下着

素肌に纏う下着は、
なるべく新しく清潔なものを。
嫌なことがあった日に身につけていたものは
思い切って捨て、厄払いを。

マウンティング

本当に自信のある人は、
常にナチュラル。
互いに威圧し合うような人間関係は
捨ててよし。

覚えのない連絡先やSNS

1年に1回は、アドレス帳や
SNSの知り合いやフォローを見直して。
記憶にない「誰だっけ？」という人のデータは消してよし。
ご縁があれば、また出会えます。

歯間の汚れと舌のコリ

歯ブラシで磨くだけでは、美しい歯は手に入りません。
フロスと歯間ブラシと舌磨きも毎日。
できれば、指で歯茎と舌のマッサージも。
2カ月に1回の歯医者さんでのクリーニングと、
半年に1回のホームホワイトニングで、
品格のある清潔な口元をキープして。

謝りグセ

人の好意を遠ざける
過剰な「ごめんなさい」や
「すみません」は、損。
**なるべく「ありがとう」に
言い換えましょう。**

大声

人に耳を傾けてほしいなら、
声量を抑えたほうが説得力が
高まるもの。
**本当に伝えたい言葉こそ、
ひそやかな声で。**

おわりに

僕の人生で長く付き合いのある友人に、こんな女性がいる。

当時大学生だった少し年上の彼女は若さゆえの、肌はキレイで髪もツヤツヤの生まれつきな美女だった。街を歩けば男からの視線は彼女に集中し、誰からも好感を持たれ、欲しいと思うものはすべて手に入れていた。

悩みは「悩みがないことが悩み」、誰もが羨ましいと思うほどの悩みだった。

当時高校生の僕もそう思った。

しかし今思えば悩みのない人生、悩みのない日常なんて一番不幸かもしれない。

悩みが多ければ多い人ほど、その壁を乗り越えた時の経験が血となり肉となり魅力としてその人の年輪となり深みとなる。

この世はシミやシワがすべてネガティヴなものと捉えられているが、決してそうではない。エイジングサインが魅力と思わせる人が世にはゴマンと存在している。

　そんな彼女が年齢を重ねるにつれエイジングに抗うことになる。今までキレイだったところに謎な凹凸、明るかったところに影が落ちる。顔中にシミ、シワ、たるみ、くすみ、左右非対称、薄毛、乾燥、過剰な皮脂分泌。生理不順に、情緒不安定による突然の涙。何もしなくてもキレイだった彼女に、ある日突然に襲いかかる変化の渦。「悩みがないことが悩み」で永遠に美しいと思って生きていた、幸せな彼女にとっての、突然の出来事である。

　〝生まれつき美女〟の落とし穴。

世の中から洗脳された情報を頼りに化粧品や医療で抗い始めたのだ。隣の友達は本音なんて言ってはくれない。すべての肌悩みに特化した化粧品を入れ込みまくる。朝から晩まで入れ込んで塗って、閉じ込めて。塗った瞬間から数時間は化粧品の力ですべてが改善されたかのような美肌になれた。心も安堵に満ちる。

しかし、数日も経てばまた新たな肌トラブルが起きる。

まさに負のスパイラルである。

本人は気づかないのです。あらゆる情報を収集し、与えるだけの美容でみるみる顔が重く大きくなっていく現実を。

ある日を境に彼女にひとつの悩みができた。

とある衝撃的な出来事。

生きていれば誰もが直面する人生の壁。

ストレスから、ホルモンバランスは崩れ、見た目にも醜い険《けん》が現れる。

それは縦のシワ、眉間、ほうれい線、うっすらとしたマリオネットライン。

本人は日々に追われて気づいていなかったが、僕には日に日に表情までもが、変わっていくのが見えた。

思いを溜め込みすぎて、己を解放することなく日々を過ごしたせいで、心の汚れた水が溢れ出している。

そんな数年後のある日、立ち塞がる大きな壁から解放されるのである。

彼女の人生で初めて悩みもがき苦しみ、初めて頑張って悩みを克服したのだ。

生きることに責任を持つと同時に、「悩みがないことが悩み」の彼女に訪れた数年の苦しみから解放された日。

心に余裕が生まれ、年齢に抗う入れ込み美容すらもやめ、心地良いシンプルケアへ自然とシフトしていったそう。

一年もしないうちに、みるみる肌悩みは改善された。

もちろんシミやシワ、くすみ、たるみは薄っすらとある。

けれど、そんなエイジングサインが現れていても彼女は美しいのだ。

なぜならば溜め込まない心の潤いがあるから。

そして、溜め込んでいた心のデトックスが彼女を聡明にした。

肌のメカニズムに従う僕のスキンケアメソッドは、そんな彼女を見てヒントを得たと言っても過言ではない。

決して、まっさらな子供のような肌になることが美しさの基準ではない。

その年齢なりの美しさは、老いを受け入れる勇気から始まる。

ある時、彼女の顔に変化が訪れた。

ただの老いとは違う〝覚悟を決めた女の生き様〟が雰囲気から滲み出ている。

別人ではないか、いや、本人である。

人は気持ちの持ちようでこうも変化するのだろうか。

彼女の話す表情や声からは隠すことのできない優しさが溢れ出ている。

シワやシミ、エイジングサインにすら生きる強さと美しさを感じるのだ。

すべてを受け入れ、愛し、今を懸命に生きている。

女としての強さが逞しくも美しく、そして人生の儚い一瞬を生きている。

彼女は抗うことを、捨てた。

誰かの為に生きることが自分の為になった時、人は決して人工では作れない美しさを醸し出す。

彼女とは1年に一度、同じ場所で同じ時を過ごすと決めている。

たった1日のたった数時間が、そこからの一年間を意味のあるモノにしてくれる。

生きるうえで大切なターニングポイントを教えてくれたのも、彼女かもしれない。

そんな彼女や現代を生きるリアルな大人の女性、仕事でお世話になっている女優やモデル達から着想を得て感じた、脱ぎ捨てることで見える世界の美しさすべてを、この本に託しています。

たった一人の女性の壮絶な半生を題材に、毎日たくさんの女性に触れ合いながら日々感じる、この時代に「今、いちばん必要な何か」を詰め込みました。

20代、30代の方もいつかは50歳60歳になる時が必ずくる。

その時、この本がキッカケで少しでも心が軽くなり、ほんの少し人生が明るく楽しく過ごせますようにと心を込めてお伝えします。

今日よりも少しキレイに、今日よりも軽やかに、そして人生が楽しく美しさで満ちますように……。

お問い合わせ先

アディクション ビューティ	0120-586-683
アルファネット	03-6427-8177
ヴェレダ・ジャパン	0120-070-601
エテュセ	0120-074-316
MIMC	03-6421-4211
貝印株式会社	0120-016-410
カネボウ化粧品	0120-518-520
環境保全研究所	0551-48-5300
KIEHL´S SINCE 1851	03-6911-8149
コスメデコルテ	0120-763-325
サンソリット	0120-723-021
サンリツ	0120-082-101
資生堂インターナショナル	0120-30-4710
ジョンソン・エンド・ジョンソン	0120-101-110
SUQQU	0120-988-761
スパークリングビューティー	06-6121-2314
THREE	0120-898-003
ソープトピア新宿フラッグス店	03-5315-4574
タカミ	0120-291-714
TAT inc	03-5428-3488
dear mayuko	0120-115-177
東京西川お客様相談室（西川産業）	03-3664-3964
NARS JAPAN	0120-356-686
HACCI	0120-191-283
ピー・エス・インターナショナル	03-5484-3483
ビーアンドエス・コーポレーション	03-3288-0068
ファティマ	03-6804-6717
ピエールファーブルジャポン	0120-171-760
プロジエ	03-6690-8599
ベアミネラル	0120-24-2273
ポーラ	0120-117-111
マカダミ屋	0120-987-465
M・A・C（メイクアップ アート コスメティックス）	03-5251-3541
メイベリン ニューヨーク	03-6911-8585
ラ ロッシュ ポゼ	03-6911-8572
リンメル	0120-878-653
レセラ	0120-602-168
ローラ メルシエ ジャパン	0120-343-432

※本書掲載の情報は2018年2月1日現在のものです。変更になる場合がございますので、ご了承ください。
※価格はすべて税抜きです。

小田切ヒロ

Hiro Odagiri

ヘア＆メイクアップアーティスト。
「LA DONNA」所属。
資生堂美容技術専門学校卒業。
ヘアサロン勤務、アーティストブランドのビューティアドバイザーを経て、
「LA DONNA」に入社。
藤原美智子氏に師事し、その美意識やテクニックを学ぶ。
モード感を取り入れた立体小顔メイクが人気を呼び、
雑誌やメイクショー、広告等で活躍。
日々進化を遂げるマッサージメソッドや、
高い審美眼に裏打ちされたライフスタイルでも注目を浴びる。
発言や著書に『小田切流小顔道』（講談社刊）。

STAFF

写真	三瓶康友（人物）
	伏見早織（静物／世界文化社）
デザイン	bitter design
構成・文	長田杏奈
モデル	ENYA
イラスト	吉田なおこ
編集	北野智子（世界文化社）

大人のキレイの新ルール
捨てる美容

発行日　2018年3月5日　初版第1刷発行

著者　小田切ヒロ
発行者　井澤豊一郎
発行　株式会社世界文化社
〒102-8187　東京都千代田区九段北4-2-29
電話 03-3262-5118（編集部）
電話 03-3262-5115（販売部）

校正　文字工房燦光
印刷・製本　株式会社　凸版印刷株式会社
DTP製作　株式会社明昌堂

ISBN 978-4-418-18401-9